STEFAN LIMMER

40 schamanische Weisheiten
für herausfordernde Zeiten

Inhalt

Vorwort   6

Seelenglück

1   Im Tanz mit deiner Seele liegt der Schlüssel zur Glückseligkeit   8

2   Wenn du dich nach Liebe sehnst, dann gehe den Pfad mit deinem Herzenskrieger   12

3   Wenn deine Seele lächelt, lächelt auch die Welt   16

4   Die Freiheit deiner Zellen lässt die Seele jubeln   21

5   Nicht einsam, nur gemeinsam meisterst du das Leben   25

Seelenfreiheit

6   Lass alles sterben, was dich hindert, frei zu leben   29

7   Im Feuer der Transformation findet dein wahres Selbst die Freiheit und beginnt zu leben   33

8   Der Ruf des Adlers erinnert dich daran, dass du grenzenlos und frei bist   37

9   Freiheit findest du nur, wenn du lernst, mit dir selbst im Sturm und Regen zu tanzen   42

10   Gib deiner Seele Raum für Heilung   48

Seelenweisheit

11 Dein erwachtes Leben beginnt mit dem Träumen   52

12 Wissen ist nichts – Weisheit ist alles   56

13 Deine Seele schützt sich selbst und nimmt dich
    in die Arme   60

14 Wenn du nicht mehr weißt, wohin, dann ist es Zeit,
    die Seele nach dem Weg zu fragen   65

15 Lasse Angst und Schuldgefühle los,
    dann öffnet sich das Tor zum wahren Leben   71

Seelenbewusstsein

16 Sicherheit ist eine Illusion – nur Selbstvertrauen
    hilft dir weiter   75

17 Erst wenn du aufhörst dich über den Unfrieden
    in der Welt zu beklagen, findest du den Frieden in dir   80

18 Wenn du die Geschichte findest, in der du bereits
    angekommen bist, dann folge ihrem Weg zum Ziel   84

19 Im Zentrum des Orkans findest du die Stille   90

20 Deine Fragen, nicht deine Antworten, öffnen das Tor
    zu deiner Seele   94

Seelensinn

21 Wenn du dich selbst verloren hast, dann ist der
    Wald der beste Ort, um dich zu finden   98

22 Hingabe an das Leben erlöst dich aus den Mauern
    deiner Illusionen   102

23 Erwachen heißt erkennen, wofür du
    hierhergekommen bist   106

24 Wenn deine Seele leuchtet und ihr Strahlen sichtbar
    wird, dann hast du das Tor zu deinem Weg gefunden   111

25 Solange du nur in der Sonne lachst, hast du die
    Absicht deiner Seele nicht gefunden   115

Seelennatur

26 Wenn deine Hoffnung stirbt und du am Boden
    liegst, ist es Zeit, das Feuer der Transformation
    zu entzünden   121

27 Deine Dankbarkeit heute schenkt dir
    morgen Fülle   125

28 Dein Atem trägt die Absicht deiner Seele in die Welt 129

29 Der Tanz mit deinen Elementen öffnet dir den Weg
    in deine Mitte   135

30 Liebe oder Angst – du darfst dich frei entscheiden 140

Seelenkraft

31 Du bist der Schöpfer deiner Realität   145

32 Wenn du deinen Halt verlierst, dann verbinde dich
    wie der Baum mit den Urquellen   149

33 Du kannst dich gegen den Sturm stellen oder seine
    Energie für deine Seele nutzen   154

34 Aktiviere alle inneren Kraftquellen, um trotz
    stürmischer Zeiten aufrecht zu stehen   158

35 Ohne deine Ahnen und deren Kraft hast du keine
    Wurzeln   163

Seelenzeit

36 Im Sturm der Zeit öffnet sich das Tor zum Abenteuer
    Leben   168

37 Wenn du aufhörst von der Vergangenheit zu träumen,
    dann beginnt dein Leben   172

38 Der Heilige Raum – alles ist möglich im Raum der
    Unendlichkeit in dir   176

39 Jenseits der Zeit liegt der Schlüssel zur
    Glückseligkeit   181

40 Am Ende deiner Reise geht es nur darum, ob du
    den Weg der Liebe und des Glücks gegangen bist   185

Nachwort   189

Autor, Links und Bücher   190

Impressum   192

Vorwort

Wer kennt sie nicht, die stürmischen Zeiten im Leben, in denen wir geschüttelt und gerüttelt werden und das Gefühl haben, wir könnten dem Sturm, der in uns tobt, der im privaten Umfeld, in einem größeren gesellschaftlichen Kontext oder aufgrund der globalen Ereignisse über uns hinwegfegt, nicht standhalten. Stürmische Zeiten lösen bei vielen Menschen Gefühle von Angst, Unsicherheit und Schwermut aus. Der Blick auf das Leben und auf die Zukunft wird angstvoll, pessimistisch und von negativen Gedanken getrübt, was wiederum in eine lähmende Handlungsstarre führen kann. Aber gerade die Stürme in unserem Leben bieten uns eine Chance, innezuhalten, uns und unser Leben zu hinterfragen, uns neu zu orientieren und alte, überkommene Muster hinter uns zu lassen.

Unabhängig davon, ob du neuen Mut fassen willst, einfach eine kleine Begleitung suchst oder den Sturm, in dem du dich gerade befindest, als Chance zur Neuorientierung nutzen möchtest, bietet dir dieses Buch in Form von vierzig schamanischen Weisheiten und inspirierenden Geschichten kleine Hilfestellungen an. Damit kannst du an festgefahrenen, alten Gedankenmustern rütteln, diese hinterfragen, negative Gefühle neu bewerten und erste Schritte auf neuen Wegen gehen. Du kannst wieder Mut fassen und dich aus negativen Mustern befreien. So bleibst du handlungsfähig und kannst im Kontakt mit deiner inneren Seelenweisheit trotz aller widrigen Umstände dein Leben aktiv, voller Zuversicht und Lebensfreude gestalten.

Gerade in herausfordernden, stürmischen Zeiten ist es wichtig, einen inneren Kompass, einen inneren Wegweiser, einen inneren Leuchtturm zu haben, der uns den Weg durch Krisen und Herausforderungen aufzeigt und auf den wir uns verlassen können. Was wäre dazu besser geeignet als unsere eigene innere Seelenweisheit? Was könnte uns den Weg besser zeigen als die Absicht unsere Seele und das Feuer in unserem Herzen?

Alle hier im Buch vorgestellten Weisheiten basieren auf grundlegenden schamanischen Sichtweisen der Welt und des Lebens. Grundlegend ist sicherlich, dass wir nur einen Bruchteil unseres Bewusstseins nutzen und unser Seelenbewusstsein im Alltag normalerweise gar nicht beachten, obwohl es eine der tiefsten und wichtigsten uns zugänglichen Weisheitsquellen ist. Ebenso achten wir im Alltag selten auf unsere energetische Seinsebene, obwohl wir gerade hier von einer Vielzahl an unterstützenden Kräften umgeben sind.

Wenn du einen Weg suchst, der dir dabei hilft, deine innere Seelenweisheit zu finden und die eine oder andere Weisheit aus diesem Buch zu vertiefen, dann lade ich dich ein, dich begleiten zu lassen und genauer hinzuschauen, tiefer zu schauen und deine inneren Schätze zu bergen. Mir selbst hat der Schamanismus und die darin enthaltene Seelenweisheit in den letzten Jahrzehnten immer wieder geholfen, persönliche Krisen und auch herausfordernde Zeiten gut und zuversichtlich zu meistern. Auch meinen Klienten, die ich bei unterschiedlichsten Problemen und in diversen Krisenzeiten begleiten durfte, hat die Seelenweisheit immer wieder geholfen, Kurs zu halten und den Fokus wieder auf die Schönheit, Weisheit, Liebe und Kraft zu lenken, anstatt in negativen Gefühlen zu verharren.

In diesem Sinne wünsche ich dir alles Gute auf deinem Weg und wenn du das Leben gerade als stürmisch und herausfordernd empfindest, einen guten Zugang zu deiner inneren Seelenweisheit. Mögest du auch in dunklen Zeiten immer dem Licht in dir folgen, um dein Leben bestmöglich zu meistern.

Regensburg, März 2023
Stefan Limmer

1

Im Tanz mit deiner Seele liegt der Schlüssel zur Glückseligkeit

Glückseligkeit ist deine wahre Natur,
der Schlüssel dazu ist die Liebe,
der Tanz mit deiner Seele ist der Treibstoff.
Erinnere dich – du bist hier, um glücklich zu sein.

Glaubst du wirklich, wir sind hier in dieser wunderschönen Welt, um zu leiden? Um frustriert, unglücklich und voller Angst jammernd durch das Leben zu gehen? Um uns abzuschotten, uns zu verkriechen und unser Leben immer stärker zu beschränken? Um uns und unsere Gefühle von den äußeren Umständen abhängig zu machen? Um uns in stürmischen Zeiten verunsichern zu lassen und der Angst, dem Unmut, der Wut, dem Groll und überhaupt negativen oder einschränkenden Gefühlen die Macht über uns zu geben?

Ich bin mir sicher, dass wir als große, freie Schöpferwesen hierhergekommen sind und unabhängig von allen äußeren Umständen die Wahl haben, wie wir uns in jedem einzelnen Moment fühlen möchten. Insofern können wir uns jederzeit für den Weg der Glückseligkeit entscheiden. Öffnen wir uns unserer Seelenweisheit, dann finden wir dort Neugier, Offenheit, Unbegrenztheit, Freude, Lachen, Liebe, Ekstase und den unbedingten Wunsch nach Leben und Glückseligkeit. Wir alle tragen in uns diese tiefe Absicht, glücklich zu sein.

Aber wie funktioniert Glück? Vereinfacht ausgedrückt gibt es zwei Möglichkeiten, Glücksgefühle zu empfinden.

Zum einen kennen wir das Glück, das auf Ereignissen im Außen beruht – damit machen wir uns abhängig und sind eigentlich wie Süchtige, die immer wieder dem nächsten Kick hinterherjagen. Gerade in stürmischen Zeiten funktioniert dieses Glückserleben nicht. Denn unser Körper wird von Stresshormonen geflutet und bereitet uns auf die archaische, in uns abgespeicherte Kampf-oder-Flucht-Reaktion vor oder hält uns in einer Daueralarmbereitschaft fest.

Zum anderen gibt es das Glück im Inneren, das zeitlos in uns wohnt und darauf beruht, dass wir schon glücklich sind, wenn wir nur der Absicht unserer Seele folgen und uns mit unserem Herzensfeuer verbinden. Tun wir das unbeirrt und fokussiert, dann öffnet sich das Tor zum inneren Glück in uns. Jeder Moment wird zu einem Fest des Lebens und der Freude. Wenn wir den Tanz der Seele tanzen, dann ist das der Treibstoff, der uns mit der Kraft der Glückseligkeit verbindet. Dieses Glück ist unabhängig von allen Ereignissen im Außen und bleibt auch dann bestehen, wenn wir gerade durch schwierige, stürmische Zeiten gehen.

Unsere Seele schickt uns immer wieder Signale, um uns an ihren Wunsch nach Freude, Leichtigkeit und Erkenntnis zu erinnern. Je weniger wir auf diese Signale hören, sie verdrängen oder bekämpfen und uns vor ihnen verschließen, desto mehr Widerstand bauen wir in uns auf, und daraus resultiert oft Schmerz, Unwohlsein, Unwille usw.

Die Geschichte von Hanno, der auf der Suche nach dem Glück verzweifelte

Hanno verspürte eine tiefe Sehnsucht, glücklich zu sein. Er hatte das Glück bisher nicht kennengelernt, sein Leben war geprägt von Unglück und Leid. Seine Mutter war bei seiner Geburt gestorben und sein Vater war völlig überfordert. Als Hanno vier Jahre alt war, verließ ihn sein Vater und Hanno kam in ein Waisenhaus. Dort wurde er gehänselt, geschlagen und gedemütigt und so fand er auch hier keine Wärme, kein Glück. Mit vierzehn lief er aus dem Waisenhaus davon und lebte einige Jahre auf der Straße. Seinen Lebensunterhalt bestritt er mit Diebstählen und Drogenhandel. Dabei träumte er immer davon, irgendwann das Glück zu finden, und da er es nicht besser wusste, verband er es in seinen Träumen mit schicken Autos, einer Villa, einer schönen Frau und ganz viel Reichtum. Tatsächlich schaffte Hanno es mit eisernem Willen, sich von seiner kriminellen Vergangenheit zu lösen und ein eigenes Geschäft aufzubauen. Er arbeitete Tag und Nacht, immer in der Hoffnung, bald das Glück zu finden. So vergingen die Jahre und Hanno erreichte alles, was er sich erträumt hatte, nur seine tiefste Sehnsucht nach Glück blieb unerfüllt. Bis auf wenige Glücksmomente, die schnell wieder verflogen, blieben die innere Leere, die Traurigkeit und die Sehnsucht in ihm bestehen.

Eines Tages beobachtete Hanno einen buddhistischen Mönch, der auf einer Wiese saß und meditierte. Das Gesicht des Mönchs und sein ganzes Wesen schienen erfüllt von Glück und Frieden. Hanno sprach ihn an. Nach dem Gespräch war er verwirrt und gleichzeitig neugierig. Eine innere Stimme sagte ihm, dass er bisher an der falschen Stelle nach dem Glück gesucht hatte. Der Mönch wurde sein Lehrer und Hanno lernte, seinen Geist zu beruhigen und den Blick nach innen zu richten. Er erfuhr zum ersten Mal in seinem Leben, dass er unabhängig von allen äußeren Umständen grundlos Glück erleben konnte. Hanno ging diesen Weg konsequent weiter, verkaufte seine Besitztümer, verließ seine Frau und lebt seitdem im Kloster des Mönches. Dort lernte er immer weiter und fand so das Glück und die Glückseligkeit, die er sich so sehr gewünscht hatte, in sich selbst.

 ## ERKENNTNISSE AUS DER GESCHICHTE

- Wir können uns aus unserer Vergangenheit lösen und neue Wege gehen.
- Wir dürfen nur nicht zu früh aufgeben.
- Wenn wir den Mut haben, alte Wege zu verlassen und unserer tiefsten Sehnsucht zu folgen, können wir das Glück finden.
- Wir laufen oft völlig falschen Vorstellungen hinterher, die uns – wenn überhaupt – nur einen kurzen Glückskick geben.
- Das Glück, die Glückseligkeit wartet in uns.
- Der Schlüssel zur Glückseligkeit liegt im »Tanz mit deiner Seele«.

 ## SCHAMANISCHE EMPFEHLUNGEN

Was du tun kannst, wenn du in stürmischen Zeiten oder persönlichen schwierigen Lebensumständen feststeckst und dir wünschst, wieder glücklich zu sein:

- Nimm dir immer wieder Zeit, um in dich hineinzulauschen.
- Konzentriere dich dabei vor allem auf die Gegend deines Herzens und bitte darum, dass sich dir deine Seele in Form von Bildern und Visionen zeigt.
- Singe oder tanze so, wie du dich wohlfühlst, und stelle dir dabei vor, dass deine Seele dich führt und dir mit jeder Bewegung, die du machst, das Tor zu deinem inneren Glück öffnet.
- Entscheide dich bewusst immer wieder dafür, dass du jetzt grundlos glücklich bist, unabhängig von äußeren Umständen.

2

Wenn du dich nach Liebe sehnst, dann gehe den Pfad mit deinem Herzenskrieger

Liebe findest du nur in dir selbst.

Dein Herz ist der Kanal, wenn du es nicht verschließt,

doch die Quelle sitzt in deiner Seele.

Dort findest du die Liebe zu dir selbst

und du musst rein gar nichts dafür tun.

In unserem tiefsten Herzen sehnen wir uns alle nach Liebe. Aber anstatt zu erkennen, dass wir Liebe sind, dass wir selbst die Quelle der Liebe sind, machen wir uns im Außen auf die Suche nach der wahren Liebe. Das, was wir uns selbst nicht geben können – Liebe, Anerkennung, Lob, Geborgenheit und Nähe –, suchen wir in der Begegnung mit anderen Menschen, ganz besonders mit unserem Partner. Dabei übersehen wir, wie widersinnig dieses Anliegen ist: Warum erwarten wir zum Beispiel von unserem Partner, dass er uns bedingungslos liebt, uns so annimmt, wie wir sind, und uns auf Händen durch das Leben trägt, wenn wir uns selbst in Teilen ablehnen, uns selbst nicht mögen, uns innerlich kritisieren, uns durch das Leben peitschen und einfach überhaupt kein gutes Haar an uns selbst lassen?

Gerade in stürmischen Zeiten wächst die Sehnsucht nach einem Menschen, der uns vermeintlich ganz tief liebt und uns in den Arm nimmt. Das ist verständlich und urmenschlich, bringt uns aber auf Dauer nicht weiter, wenn wir uns nicht gleichzeitig mit unserem Herz und unserer Seele verbinden, die Liebe zu uns selbst aktivieren und dann erforschen, wofür unser Herz wirklich brennt, wofür wir unsere Liebe in einem Akt der Hingabe an die Welt wirklich fließen lassen wollen. Dazu können wir mit unserer inneren Herzenskrieger-Energie in Kontakt treten, die uns mit der Liebe verbindet. Auch um unsere Bestimmung und unsere tiefsten Visionen zu erkennen und unsere Wünsche und Ziele entsprechend dem »Sinn der menschlichen Existenz« auszurichten, brauchen wir eine gute und tiefe Verbindung zu unserem Herzen, zu unserer Seele und unserer inneren Weisheit.

Die Herzenskrieger-Energie übernimmt einige der wirklich wichtigen Aufgaben in unserem Seelensystem:

- Sie schürt das Feuer in unserem Herzen.
- Sie begleitet uns, damit wir unsere Lebensaufgabe und unsere Bestimmung finden und unsere tiefsten Herzenswünsche erkennen und konsequent leben.
- Sie hilft uns, uns selbst in unserer Einzigartigkeit anzunehmen und zu lieben.
- Sie unterstützt uns dabei, konsequent der Stimme unseres Herzens zu folgen.
- Sie hilft uns, unser Leben in eine bestimmte Richtung zu lenken, um unsere Lebensaufgabe zu erfüllen.
- Sie bringt uns zunächst einmal mit unserer ursprünglichen Aufgabe in Kontakt, die wir uns für dieses Leben gestellt haben.
- Sie hilft uns, diese Flamme in unserem Herzen immer am Brennen zu halten, egal, wie schwer der Weg auch sein mag.
- Sie unterstützt uns dabei, konsequent zu handeln und keine faulen Kompromisse mehr einzugehen.

- Sie ist bereit, Risiken einzugehen, ohne dabei kopflos zu sein.
- Die bedingungslose, absolute Herzensliebe ist ihr Grundprinzip.
- Sie begleitet uns immer, auch auf der späteren Reise zum Berg der Visionen (Seite 117).

Die Geschichte vom Herzenskrieger und der Seelenweisheit

Als die Seelenweisheit geboren und zu den Menschen gebracht wurde, wollte das energetische Herz wissen, worin seine ganz spezielle Aufgabe bestand. Laut göttlichem Plan sollte es als das Tor fungieren, das den Menschen mit der Liebe verband – mit der Selbstliebe, der Nächstenliebe und der universellen, bedingungslosen Liebe. Zugleich sollte sichergestellt sein, dass sich die Seelenweisheit und die Seelenabsicht immer in Verbindung mit der Liebe zum Wohle aller Wesen und zum Wohle der gesamten Schöpfung ausdrücken konnten. Als Mittler wurde der Herzenskrieger als Teil der Seelenweisheit damit beauftragt, diese Verbindung aufrechtzuerhalten und die Menschen zu begleiten, wenn sie sich auf den Weg machten, ihre wahre Bestimmung, ihre Lebensvision und Mission zu erfahren und in die Welt zu bringen. Die Menschen befanden sich auf dem Weg in die polare Welt und bekamen als Geschenk ihre Willensfreiheit, um sich immer für einen der Pole des Seins entscheiden zu können. Auch die Energie des Egos wurde ihnen als Option mit auf den Weg gegeben. Das Ego war mit der Macht ausgestattet, zu trennen, das Bewusstsein zu beschränken, die Liebe zu blockieren und die Erinnerung an die wahre Heimat der Menschen zu verschleiern. So war gewährleistet, dass die Menschen alle Möglichkeiten hatten, um die Polarität in allen Facetten zu erleben und zu erforschen. Gleichzeitig trugen sie weiter den göttlichen Kern und die Schöpferkraft in sich und waren optimal ausgestattet, um auf ihrer Reise irgendwann wieder ganz nach Hause zurückzukehren.

Um nach Hause zu kommen, musste erst der Weg durch die polare Welt gegangen werden, es gab dafür keine Abkürzung. Erst nachdem die Erfahrung der Aufspaltung der Einheit in zwei Pole in allen Facetten erlebt wurde, konnte die Polarität durch die Liebe überwunden werden. Dadurch konnte sich das Tor wieder öffnen, und die Menschen konnten den Weg nach Hause in die Einheit mit allen Erfahrungen, die sie gemacht hatten, antreten.

 ## ERKENNTNISSE AUS DER GESCHICHTE

♦ Die Herzenskrieger-Energie verbindet unser Herz und unsere Seele. Diese Energie weist uns den Weg zu unserer Mission, zu unserem Herzensfeuer und zur Liebe.

♦ Wenn wir uns dafür öffnen und uns vertrauensvoll der Führung hingeben, hat der Gegenspieler, der nur trennen will – das Ego –, keine Chance.

♦ Der Weg zur Liebe geht nur mit der Energie der Herzenskrieger.

 ## SCHAMANISCHE EMPFEHLUNGEN

Was du tun kannst, wenn du dich in herausfordernden Zeiten nach mehr Liebe sehnst:

♦ Anstatt im Außen die Liebe zu suchen, gehe nach innen. Dort findest du die Herzenskrieger-Energie.

♦ Diese hilft dir, dein Herz zu öffnen, die Selbstliebe in dir zu finden und die Liebe in allen Facetten fließen zu lassen.

♦ Wenn du dich selbst so liebst und annimmst, wie du gerade bist – erst dann kannst du auch im Außen der entsprechenden bedingungslosen Liebe begegnen.

3

Wenn deine Seele lächelt, lächelt auch die Welt

Lächle in die Welt
und die Welt lächelt zurück.
Liebe die Welt
und die Welt liebt dich.
Erfreue dich an der Welt
und die Welt erfreut sich an dir.

Selbst wenn die äußeren Umstände noch so schlimm erscheinen, wir vielleicht momentan keinen Ausweg sehen und wir das Gefühl haben, dass uns das Leben mit einer hasserfüllten, wütenden Fratze entgegentritt – wir haben trotzdem die Wahl.

Es sind niemals die äußeren Umstände, die uns unglücklich machen. Niemand anders ist schuld, wenn wir uns schlecht fühlen, auch wenn wir uns das noch so gern einreden möchten.

In solchen Lebensphasen kommt es ganz besonders darauf an, zu erkunden, welche Fragen uns das Leben stellt und welche Antworten wir dem Leben geben. Diese Antworten können in negativen Gefühlen, Gedanken und Verhaltensweisen bestehen oder positiv, aufbauend und zuversichtlich sein. Wir können uns fragen: »Wie möchte ich mich fühlen?«

Wir alle wollen uns wohlfühlen, Freude empfinden oder Liebe spüren. Es geht also darum, unabhängig von den Lebensumständen tiefe, innere Freude zu empfinden und innerlich zu lächeln. Dazu können wir uns im Heiligen Raum (Seite 176 ff.) ganz einfach mit den Frequenzfeldern des inneren Lächelns und der inneren Freude verbinden und diese immer mehr zu unserer Grundschwingung machen. Das ist das ganze Geheimnis der Verantwortung für unsere Gefühle. Wenn wir innerlich lächeln, dann strahlt diese Schwingung in die Welt und wir ziehen nach dem Resonanzprinzip Schwingungen im Außen an, die uns anlächeln und mit denen wir uns verbinden können. So entsteht ein positiver Kreislauf, der unsere Schwingung immer weiter heben kann.

Du kennst sicher den Spruch: »Wie du in den Wald rufst, so schallt es heraus.« Dabei geht es um grundlegende Gesetzmäßigkeiten unseres Seins. Nach dem Resonanzprinzip können wir nur mit etwas in Resonanz gehen, das wir auch in uns tragen, ansonsten würde es uns gar nicht auffallen oder wir würden neutral bleiben. So besagt auch das Spiegelgesetz, dass uns das Leben so, wie es sich uns zeigt, immer nur uns selbst spiegelt und uns das aufzeigt, was in uns ist.

 Die Geschichte, wie die göttliche Weisheit das kollektive Bewusstsein schuf

Noch bevor die Welt erschaffen wurde, überlegte die göttliche Weisheit, wie sie dem Bewusstsein am besten helfen konnte, sich selbst in allen Facetten zu erkennen. Denn darum ging es ja im großen Plan. Über die Selbsterkenntnis zu einem neuen, größeren Verständnis des Seins zu kommen und dann über diese Erkenntnisse das kollektive Bewusstsein zu weiten, bis es sich wieder der Einheit öffnen konnte, die aus purer, bedingungsloser Liebe bestand, und um nach dieser Reise wieder nach Hause zurückkehren zu können.

Die göttliche Weisheit überlegte lange und entschied sich dann, die Ebene der Materie zu erschaffen, in der sie das Bewusstsein der Einheit und der Liebe in allen Erscheinungsformen versteckte. So entstanden auch die Welt und der Mensch. Den Menschen schenkte sie zusätzlich die Gabe, die beiden Pole des Seins erkennen zu können, und als Krönung die Willensfreiheit, um sich entscheiden zu können. Damit die Menschen aber nicht vergaßen, worum es wirklich ging, gestaltete die göttliche Weisheit die Erde mit all ihren Lebewesen, Erscheinungen und unterschiedlichen Facetten so, dass alles wie ein Spiegel funktionierte. So war sichergestellt, dass jeder Mensch sich in der Welt selbst sehen konnte, sich selbst erkennen konnte und in jedem Moment überprüfen konnte, auf welcher Ebene sich sein Bewusstsein gerade befand. Als die Menschen dann auf die Welt kamen, waren sie also mit allen Möglichkeiten des Erkennens und Erwachens ausgestattet. Aber mit dem Eintritt in die Materie und ihren Verlockungen und Herausforderungen verblasste die Erinnerung an die tieferen Zusammenhänge immer mehr und die Menschen begannen zu vergessen, um was es wirklich ging und wie die Zusammenhänge sich zeigten.

Das Bewusstsein aber, das überall auf der Erde versteckt war und auch in den Menschen wohnte, hielt alle Erinnerungen wach und so gab es im Laufe der Menschheitsgeschichte immer wieder Menschen, die sich erinnerten, die ihr Bewusstsein weiteten und die die Zusammenhänge hinter dem Schleier der sichtbaren Welt erkannten. Gott aber schaute den Menschen in bedingungsloser Liebe zu und wünschte allen, dass sie bald wieder den Weg nach Hause finden.

ERKENNTNISSE AUS DER GESCHICHTE

- Wenn wir die Zusammenhänge hinter dem Schleier der sichtbaren Welt wieder erkennen und unser Bewusstsein ausdehnen, erlangen wir Zugang zum Verständnis der grundlegenden Gesetzmäßigkeiten, die unser Leben hier in der Welt bestimmen.

- Das Wissen um diese Grundgesetze des Seins hilft uns, mit dem Kampf im Außen aufzuhören und uns stattdessen mit uns auseinanderzusetzen. Was willst du im Spiegel bekämpfen oder verändern?

- Damit haben wir einen der mächtigsten Schlüssel unseres Seins in der Hand. Wir bekommen Zugang zu unserer Schöpferkraft und können die Verantwortung für unser Leben wieder ohne Wenn und Aber übernehmen.

- Wir können unser Leben damit so gestalten, dass wir einerseits gelassen und innerlich lächelnd im Wissen um die tieferen Zusammenhänge durch das Leben gehen können.

- Andererseits können wir zielgerichtet den Weg nach Hause gehen, der durch die Materie und die Verwirklichung unserer Seelenabsicht führt, ohne uns andauernd durch Hindernisse im Außen aus der Bahn werfen zu lassen.

 ## SCHAMANISCHE EMPFEHLUNGEN

Was du gerade in herausfordernden Zeiten mit diesen Erkenntnissen tun kannst:

- Hinterfrage ehrlich deine Situation: Welcher Teil in dir sorgt dafür, dass du mit dieser Situation im Außen in Resonanz gehst? Welcher Teil in dir spiegelt sich darin?

- Sind es Ängste, ungelöste Konflikte oder Traumata, die sich zeigen?

- Nutze diese Erkenntnisse zu einer inneren Reise, in der du ehrlich aufräumst und an dir arbeitest.
- Nimm es spielerisch. Probiere wie in einem Spiel aus, was sich im Außen verändert, wenn du auf eine andere innere Frequenz gehst.
- Verbinde dich dazu mit etwas Positivem, zum Beispiel kannst du an eine Situation denken, in der du glücklich warst. Hole dir das Gefühl des Glücks hierher in diesen Moment und schau, was sich in dir verändert.
- Mache das ganz bewusst in herausfordernden Situationen, spiele damit und beobachte die Veränderungen im Spiegel deines Seins.

Die Freiheit deiner Zellen
lässt die Seele jubeln

Die Seele ruft,

doch der Körper kann nicht.

Das Herzensfeuer brennt,

doch alle Zellen deines Körpers sind zu schwach.

Du spürst die Sehnsucht,

doch du kannst nicht gehen.

Viele Menschen befinden sich in einer Art »chronischer Herausforderung«, in einem »chronischen Lebenssturm« oder in einer »chronischen Schockstarre«.

Was sie auch versuchen, ihr Leben fühlt sich immer an wie ein großes Drama, dem sie nicht entkommen. Sie drehen sich im Kreis und finden einfach keinen Ausweg. Irgendetwas blockiert sie, obwohl sie vielleicht schon viel ausprobiert haben.

Das kann unterschiedlichste Gründe haben, aber es gibt einen oft vernachlässigten Aspekt, der uns daran hindert, ein glückliches, erfülltes, entspanntes Leben zu führen, und der uns im Drama festhält, uns immer wieder in Lebensstürme katapultiert: das sogenannte Zellgedächtnis. Wusstest du, dass es in jeder unserer Zellen ein Zellgedächtnis gibt? Damit bezeichnen wir den feinstofflichen Aspekt in unseren Zellen, in dem Informationen abgespeichert werden. Alle Zellen tauschen sich auf dieser Ebene über Lichtquanten miteinander aus, sie übertragen ihre Informationen auf andere Zellen und so sind alle Zellen energetisch miteinander verbunden.

Leider sind das nicht nur positive Informationen. Auch alle negativen Ereignisse unseres Lebens hinterlassen hier ihre Spuren, ebenso die Ereignisse, die unseren Ahnen widerfahren sind.

Die Bedeutung des feinstofflichen Zellgedächtnisses wird immer noch unterschätzt. Wie willst du ein erfülltes, glückliches Leben führen, wenn in jeder Zelle deines Körpers Stress, Angst, Wut, Selbstablehnung und Verzweiflung dominieren und sich damit deine Seelenabsicht, dein Herzensfeuer und deine tiefste Sehnsucht überhaupt nicht in deinem physischen Körper manifestieren können?

Selbst wenn du schon mental, emotional, energetisch und physisch an dir gearbeitet hast, kann es sein, dass die alten, blockierenden Informationen immer noch das Zellgedächtnis dominieren und so jegliche Veränderung blockiert wird.

 Die Geschichte von einem dominanten negativen Muster im Zellgedächtnis

In einer Herzzelle kam eines Tages eine ganz aktuelle Information an. Der Mann, zu dem die Herzzelle gehörte, hatte gerade eine große Enttäuschung in der Liebe erlebt und seine Beziehung war in die Brüche gegangen. Der Mann war traurig, enttäuscht und am Boden zerstört und da er schon öfter ähnliche Erfahrungen gemacht hatte, kam in der Zelle die Information an: »Ich bin es nicht wert, geliebt zu werden.« Das Zellgedächtnis prüfte, ob es diese Information bereits abgespeichert hatte, und tatsächlich fand es diesen Satz als eine prägende Information. Da die jetzige Information sehr machtvoll war, wurde sie zur bereits gespeicherten Information hinzugefügt, wodurch diese noch energievoller wurde und sofort in alle anderen Herzzellen und von dort aus in alle anderen Körperzellen geschickt wurde. Aus anderen Zellen im Körper kamen ähnliche Informationen zurück, und so wurde die neue Information überall mit bereits bestehenden Informationen abgeglichen und eingebaut. Da es auch eine Aufgabe der Herzzellen war, das Herz zu schützen und es gut zu versorgen, sorgte die Zelle in Kooperation mit den anderen Herzzellen dafür, dass diese Information nun vorrangig wirken konnte.

Eine Zeit lang ging der Mann allein durchs Leben, doch dann lernte er eine Frau kennen und verliebte sich. Um ein erneutes Desaster zu vermeiden, ging er zeitgleich zu einem Therapeuten, der ihm helfen sollte, seine Beziehungsfähigkeit zu verbessern. Nun prasselten jeden Tag neue Informationen zur Liebe und zur Beziehungsfähigkeit auf die Herzzelle ein. Diese nahm ihre Aufgabe sehr ernst, verglich die Informationen mit den bisherigen abgespeicherten Mustern und Informationen und stellte fest, dass das Muster »Ich bin es nicht wert, geliebt zu werden« viel stärker war und deshalb Vorrang hatte. So kam es, dass trotz aller therapeutischen Bemühungen und neuer mentaler und emotionaler Sichtweisen zwar neue Informationen in das Zellgedächtnis gelangten, die Beziehung aber aufgrund des mächtigen, abgespeicherten Musters trotzdem wieder scheiterte. Das Muster verfestigte sich noch mehr und der Mann versank noch tiefer in Depressionen und Hoffnungslosigkeit.

 ERKENNTNISSE AUS DER GESCHICHTE

♦ Jede Körperzelle ist ein eigener, intelligenter Kosmos. Neben ihrer Funktion, die sie für den Organismus hat, ist sie auch ein neutraler Speicher für feinstoffliche Energien und Informationen.

- Das Zellgedächtnis ist ein oft unterschätzter Faktor, wenn wir wirklich etwas verändern möchten.
- Das Zellgedächtnis wertet nicht, sondern erfüllt lediglich seine Aufgabe, Informationen zu speichern und dafür zu sorgen, dass die stärksten Informationen und Muster vorrangig wirken.
- Negative, blockierende Muster, Informationen und/oder Glaubenssätze, die sehr dominant im Zellgedächtnis abgespeichert sind, können jeden guten therapeutischen Ansatz und jeden Wunsch nach Veränderung ausbremsen, wenn wir das Zellgedächtnis nicht mit einbeziehen.

 SCHAMANISCHE EMPFEHLUNGEN

Was du tun kannst, wenn du dich gerade auch in herausfordernden Zeiten im Kreis drehst, nicht weiterkommst, und immer wieder an denselben Hürden scheiterst, obwohl du auf verschiedenen Ebenen schon viel an dir gearbeitet hast:

Es findet tiefgehende Veränderung statt,

- wenn wir unser Bewusstsein so geweitet haben, dass wir uns für neue Ideen überhaupt öffnen können;
- wenn wir auf möglichst vielen unterschiedlichen Seinsebenen (mental, emotional, physisch, Bewusstsein, Seele, energetisch, Zellgedächtnis ...) neue Impulse setzen und alte Muster transformieren;
- wenn wir mit unserem Bewusstsein, zum Beispiel mit einer schamanischen Seelenreise, direkt in das Zellgedächtnis reisen, dort die alten, blockierenden Informationen herausnehmen und durch fördernde, unterstützende Informationen ersetzen.

Nicht einsam,
nur gemeinsam meisterst
du das Leben

**Die Gemeinschaft gibt dir Sinn
und hilft dir immer weiter.
Miteinander erschaffen wir die Welt
und gemeinsam wird möglich,
was allein nie gelingt.**

Wenn der Sturm besonders heftig tobt und wir den Herausforderungen des Lebens allein gegenüberstehen, dann merken manche Menschen plötzlich, wie wenig Unterstützung, wie wenig wirklich gute Freunde sie haben, auf die sie bauen können. Manche versinken in der Einsamkeit, entwickeln Depressionen und ziehen sich noch mehr vom Leben zurück, anstatt aktiv und bewusst auf das Leben zuzugehen. Damit wird es praktisch unmöglich, die innere Schöpferkraft bewusst zu aktivieren.

Andere wiederum haben sich innerlich noch nie wirklich geöffnet und sich von ganzem Herzen auf andere Menschen eingelassen, oder sie wurden so verletzt, dass sie ihr Herz schnell wieder verschlossen haben, um den Schmerz nicht noch einmal zu spüren.

Nur sehr wenige Menschen haben gelernt, mit sich allein glücklich zu sein. Das ist aber die Voraussetzung, um auch in einer Gemeinschaft Glück in absoluter Freiheit zu erleben und nicht in toxische Abhängigkeiten zu rutschen und sich selbst aufzugeben, nur um eine innere Einsamkeit zu übertünchen.

Wichtig ist die Erkenntnis, dass Einsamkeit immer auf einem inneren Defizit beruht, auf alten Verletzungen oder nicht gemachten Lernschritten. Einsamkeit zeigt uns auf, dass wir nicht im Einklang mit unserer Seele sind. Wenn wir die Ursachen für unsere Einsamkeit finden und lösen, können wir auch mit uns allein sein und dieses Alleinsein genießen.

Der Schlüssel zur Gemeinschaft ist die Fähigkeit, mit sich allein glücklich zu sein. Wenn du niemanden für dein Glück brauchst, bist du frei. Und erst dann kannst du in der Begegnung mit anderen Menschen und in einer Gemeinschaft wirklich authentisch und ehrlich du selbst sein, erst dann gibt es keinen Grund mehr, dich zu verstellen. Du brauchst keine Angst mehr zu haben, verlassen zu werden, musst dir keine Gedanken darüber machen, ob andere dich so mögen, wie du bist. Wenn du deinem Seelenweg konsequent folgst und zudem allein sein kannst, dann wandelst du auf dem Pfad des tiefsten Glücks.

Würden wir in einer Gesellschaft leben, in der jeder Einzelne in seinem Sosein gefördert würde, in der die Individualität und Einzigartigkeit jedes Einzelnen gefeiert werden würde und in der der individuellen Seelenabsicht mit Achtung, Respekt und Freude begegnet würde, dann wäre auch eine echte Gemeinschaft möglich. Würden wir uns also gänzlich willkommen fühlen, akzeptiert und respektiert mit unserer Vision, mit unserer Lebensaufgabe, mit unserer Individualität, dann könnten wir die Angst vor Ablehnung, Verletzung, Neid und Missgunst überwinden und echte Gemeinschaft erleben.

Die Geschichte von dem Jungen, der im Alleinsein sich selbst und seine Verbundenheit mit allem erkannte

Einst wuchs ein Junge in einem Dorf im Wald auf. Alle Menschen der Dorfgemeinschaft wussten, wie sie sich selbst ehren und lieben konnten, warum sie hier waren und worin ihre Aufgabe bestand, mit der sie dem Leben und dem Volk dienen konnten. Jedes Mitglied der Gemeinschaft erfuhr Respekt und Achtung und wurde akzeptiert und geliebt. Innerhalb der großen Dorfgemeinschaft gab es kleinere Gemeinschaften, die auf denselben Grundprinzipien beruhten. So gab es die Gemeinschaft der Männer und die der Frauen. Es gab den Ältestenrat, die Gemeinschaften der Jäger, der Krieger, der Heiler usw. Alle wussten genau, wohin sie gehörten, und konnten so sein, wie sie waren.

Als der Junge vierzehn Jahre alt war, wurde er auf den Heiligen Berg geschickt, um dort allein und fastend sich selbst zu finden. So lernte er, wie wichtig das Alleinsein war, um sich selbst zu erkennen, um seine Ängste zu überwinden und seiner Seele zu lauschen. Er fand die Selbstliebe und erbat die Unterstützung der Ahnengeister und aller unterstützenden Wesen. Er erkannte im Alleinsein und mithilfe der Natur, dass er nie allein war, dass er immer geführt und begleitet war, und er erkannte sich selbst. Mit dieser Erkenntnis kehrte er zurück – mit dem tiefen Wissen über die Verbundenheit mit der gesamten Schöpfung und darüber, wofür er hier war. Er wurde in die Gemeinschaft der Erwachsenen aufgenommen und alle unterstützten ihn fortan bei seiner Lebensaufgabe. Genauso wie er selbst allen anderen Mitgliedern der Gemeinschaft half.

 ERKENNTNISSE AUS DER GESCHICHTE

- Im Alleinsein in der Verbindung mit unseren Ahnengeistern und allen unterstützenden Kräften können wir alle Ängste überwinden und uns selbst finden.

- Erst wenn wir mit uns selbst sein können und niemanden mehr für unser Glück brauchen, erfahren wir das tiefste Seelenglück in der Gemeinschaft.
- In der Gemeinschaft ist der Ort, an dem wir unseren Seelenauftrag verwirklichen können.
- In der Gemeinschaft können wir dem großen Ganzen dienen.
- Wenn wir unser Ego überwunden haben, können wir erkennen: Wir sind immer verbunden – in der Gemeinschaft unserer Ahnen, in der Gemeinschaft mit der Natur, in der Gemeinschaft mit uns selbst und unserer Seele oder in der Gemeinschaft mit den uns unterstützenden Energien, Kräften und Seelen.
- Die wahre Meisterschaft besteht darin, sowohl im Alleinsein als auch in einer Gemeinschaft du selbst zu sein und dich frei und unverstellt authentisch zu erleben.

 ## SCHAMANISCHE EMPFEHLUNGEN

Was du tun kannst, um einerseits mit dir sein zu können und andererseits Gemeinschaft frei zu erleben:

- Lerne, mit dir sein zu können, ohne Ablenkung, ohne Lügen, ohne Masken. Erst wenn du ohne Wenn und Aber mit dir selbst sein kannst, bist du frei.
- Schau dir genau an, was dir Angst vor dem Alleinsein macht.
- Schau dir ebenso genau an, wie du dich in einer Gemeinschaft fühlst und verhältst.
- Frage dich: Verstellst du dich, hast du Masken auf, leiten dich deine Ängste oder bist du ganz du selbst?
- Trainiere bewusst das Alleinsein, am besten in der Natur. Fange langsam an, lenke dich nicht ab und erforsche deine Gefühle, die in dir aufsteigen, wenn du mit dir allein bist.

Lass alles sterben, was dich hindert, frei zu leben

Was hindert dich daran, frei zu sein?
Was hält dich fest und fesselt dich?
Was schränkt dich ein und macht dich klein?
Es ist das Ego, das um seine Vormacht kämpft.
Das Ego, das nur existiert, weil du die Verbindung zu deiner
Seele, zu deinem Lebenssinn und zu deinem Herz verloren
hast. Der Tod des Egos ist die Geburt der Freiheit.

Kennst du den Spruch: »Ein gesundes Ego hat noch niemandem geschadet?« Aus der Seelensicht ist es aber genau das Ego, das uns am stärksten behindert, uns schadet und uns einengt. Unser Ego ist der Teil in uns, der kontrollieren will, Macht ausüben will, Erkenntnis und Weisheit verhindern will. Es ist der Teil, der Bewusstseinserweiterung, wahre Weisheit und Erkenntnis verhindert, und der uns zu Sklaven unserer Ängste und Vorurteile macht. Unser Ego hält uns klein, will verhindern, dass wir unsere wahre Größe erkennen und unsere Schöpferkraft leben. Es wurde und wird genährt durch unsere erlebten Traumata, durch die vielen »Neins«, die wir in der Kindheit gehört haben. Unser Ego lebt, indem es verhindert, dass sich unsere Seele frei entfalten kann, dass wir uns daran erinnern, wer wir wirklich sind und wie wir wahrlich frei sein können. Es ist der Teil in uns, der uns am meisten beschränkt, einschränkt und uns daran hindert, uns als freies, unbegrenztes Wesen wahrzunehmen.

Die wenigsten von uns haben gelernt, wahrhaft frei ihr Leben zu genießen. Wir haben vergessen, dass unsere Seele frei sein will, dass wir hierhergekommen sind, um uns als freie, selbstbestimmte Schöpferwesen zu erleben und unser Leben entsprechend zu gestalten. Wir haben vergessen, wer wir wirklich sind.

Wenn du aber nicht weißt, wer du wirklich bist, wenn du deinen Seelenauftrag vergessen hast, dich angepasst hast an die Erwartungen, an die Glaubens- und Wertesysteme anderer, dann bist du gefangen in der Welt der Illusionen. Dann hältst du das für deine Realität und Wahrheit, was du im Gefängnis deines Nichterkennens und der Fremdbestimmung vorgesetzt bekommst.

Wir identifizieren uns mit dem Drama um uns herum und in uns, und wir bekommen Angst, wenn auch nur eine Ahnung in uns aufsteigt, wer wir wirklich sind. Gerade in herausfordernden Zeiten verkriechen wir uns noch mehr hinter den von uns selbst erschaffenen Gefängnismauern, anstatt dem Ruf des Lebens und der Seele mutig zu folgen.

 ### Die Geschichte vom Adler, der lernen musste, kein Huhn zu sein

Ein junger Adler, das aus dem Nest gefallen war, wurde von einem alten Mann gefunden. Dieser nahm den verletzten Vogel mit nach Hause und setzte ihn in den Hühnerstall. Die Hühner beäugten den Adler argwöhnisch und wollten nichts mit ihm zu tun haben. Er litt sehr darunter und wollte unbedingt dazugehören. Die Zeit verging, bald verblassten auch die letzten Erinnerungen an seine Herkunft und der junge Adler begann wie alle anderen Hühner zu leben. Er rannte durch das Gehege, pickte die Körner auf und lernte sogar, wie die Hühner zu gackern. Er flatterte etwas über den Boden und lebte ein ganz normales Hühnerleben. Wenn am Himmel ein Raubvogel oder ein Adler auftauchte, versteckte er sich wie alle anderen Hühner und hatte Angst davor, gefangen und getötet zu werden. Nur nachts in seinen Träumen sah er sich selbst immer wieder hoch am Himmel fliegen. Aus diesen Träumen erwachte er voller Angst und dann bemühte er sich umso mehr, wie alle anderen Hühner zu leben.

Eines Tages starb der alte Mann und sein Neffe erschien auf dem Hof, um sein Erbe zu regeln. Als er den Adler sah, der gackernd durch den Hühnerstall lief, wurde er sehr traurig. Auch er hatte sich lange angepasst. Erst nachdem er sich auf den Weg in die Natur gemacht hatte, hatte er erkannt, wer er wirklich war, warum er hier auf der Welt war. Der Neffe holte den Adler aus dem Stall, um ihm zu zeigen, dass er fliegen konnte, um ihn an seine wahre Natur zu erinnern. Der Adler aber, der inzwischen zu stattlicher Größe herangewachsen war, hatte panische Angst und wollte sofort wieder zu den Hühnern zurück. Jeden Tag aber holte der Mann den Adler aus dem Stall und irgendwann nahm er ihn mit in die Berge. Dort beobachteten sie gemeinsam die Adler, die dort lebten und frei und unabhängig, stolz im Wissen, wer sie waren, durch die Lüfte flogen. Nach vielen Stunden verspürte der Adler ein inneres Zittern. Irgendwann breitete er seine Flügel aus und erhob sich in den Himmel. Plötzlich wusste er, wer er wirklich war und was seine wahre Natur war. Indem er sich erinnerte und sich seiner Seele hingab, verlor das Ego jede Macht und alle Ängste fielen von ihm ab. Der Mann sah ihm noch eine Weile zu und verabschiedete sich dann froh und zufrieden. Der Adler aber, der schnell alle Hühnergewohnheiten hinter sich ließ, war voller Dankbarkeit und glücklich, endlich frei zu sein.

ERKENNTNISSE AUS DER GESCHICHTE

- Wenn wir unsere wahre Natur erkennen, öffnet sich das Tor zur wahren Freiheit.
- Freiheit ist ein innerer Zustand, in dem wir wissen, wer wir wirklich sind.
- Die Suche nach Freiheit im Außen führt uns immer nur in eine Pseudofreiheit, wenn wir die Freiheit in uns noch nicht gefunden haben.
- Wenn wir vergessen haben, wer wir wirklich sind, und ein fremdbestimmtes Leben führen, kann allein schon die Erinnerung an unser wahres Selbst massive Ängste auslösen.
- Egal, an welchem Punkt wir im Leben gerade stehen, wir haben jederzeit die Möglichkeit, uns daran zu erinnern, wer wir wirklich sind.
- Manchmal ist der Sturm des Lebens nötig, um uns wachzurütteln und uns wieder zu erinnern.

 ## SCHAMANISCHE EMPFEHLUNGEN

Was du tun kannst, wenn du in stürmischen Zeiten oder persönlichen, schwierigen Lebensumständen feststeckst und du dir wünschst, dich wirklich zu befreien, wirklich frei zu sein:

- Nutze die Energie des Lebenssturms, um die Freiheit in dir zu entdecken.
- Wenn du erkennen willst, was deine wahre Natur ist, die dich in die Freiheit führt, dann lasse dich von nichts und niemanden davon abbringen und schau hinter die Kulissen deiner bisherigen scheinbaren Identität.
- Wenn du feststellst, dass du in einem Gefängnis deiner Illusionen über dich selbst feststeckst, dann erkenne das zunächst an und mache dich dann auf den Weg zu dir selbst.

Im Feuer der Transformation findet dein wahres Selbst die Freiheit und beginnt zu leben

Hell und ruhig brennt es in deiner Seele, wartet auf dich.
Es gibt dir Hoffnung, Kraft und Liebe
und hilft dir, deinen Charakter neu zu formen.
Die Kraft des Feuers der Transformation ist es,
die Veränderung ermöglicht und aus der Asche Neues formt.

Oft wird behauptet, dass sich besonders in Krisenzeiten der wahre Charakter eines Menschen zeigt. Wenn es dabei um positive Eigenschaften wie Hilfsbereitschaft, Hingabefähigkeit, Liebesfähigkeit oder innere Stärke geht, stimmen wir dem sicherlich uneingeschränkt zu. Aber wie ist es mit Charaktereigenschaften, die wir selbst oder andere als negativ empfinden? Was ist, wenn wir plötzlich feststellen oder damit konfrontiert werden, dass wir egoistisch, selbstsüchtig, herrschsüchtig, uneinsichtig, stur oder aggressiv sind, und sich nun diese Eigenschaften besonders zeigen?

Grundsätzlich tragen wir alle sowohl positive als auch negative Eigenschaften in uns. Solange wir unseren Charakter nicht bewusst und aktiv erforscht und geformt haben, bleiben sowohl seine positiven als auch seine negativen Möglichkeiten in uns bestehen, ohne dass sie sich in der Welt zeigen müssten.

Wenn du in stürmischen Zeiten auf eine Charaktereigenschaft stößt, die du gern aus deinem System verbannen würdest, dann brauchst du die Kraft und Energie der Transformation, um einen entsprechenden Wandlungsprozess anzustoßen. Wir können Energien und Schwingungen nicht einfach »wegmachen«, aber wir können sie verändern und transformieren. Wenn du das bewusst tust, dann nutzt du den Sturm für deine Erkenntnis und für den Prozess in deinem Leben, dich selbst und dein Ego zu meistern.

Das Leben auf Mutter Erde spiegelt uns, dass wir eingebunden sind in einen intelligenten und fortwährenden Transformationsprozess auf allen Ebenen des Seins. Geburt und Tod sind dabei nur Eintritts- und Austrittspforten in den sichtbaren Bereich beziehungsweise aus ihm heraus. Weder beginnt mit der Geburt der stete Wandel, noch hört er zum Ende des Erdenlebens auf. Die Natur erinnert uns durch die vier Jahreszeiten und den Kreislauf des Werdens und Vergehens an diesen ewigen Wandel. Hier sehen und erleben wir das Prinzip der steten Transformation.

Auf der Seelenebene ist es das Feuer der Transformation, das uns bei diesen Wandlungsprozessen unterstützt und uns mit seiner Kraft, Wärme und Glut begleitet. Es gibt uns die Möglichkeit, bewusst an diesem Prozess teilzuhaben.

Wenn wir bereit dazu sind, können wir durch die Transformationskraft des Feuers alles, was uns belastet und was uns unnötig Energie und Kraft kostet oder uns blockiert, in hilfreiche, stärkende Energien transformieren. Dadurch entstehen innere Freiheit und innere Kraft, die bisher gebunden waren.

Die Geschichte von dem Mann, der die Polarität
überwinden wollte

Ein Mann machte sich auf den Weg, um die Polarität zu überwinden. Er wusste, dass alles in der materiellen Welt zwei Pole hatte und dass er diese beiden Pole in sich trug. Er wusste aber auch, dass es Wege gab, die die Menschen aus der Polarität führen konnten. Da er in sich dieses Feuer spürte, das nach Einheit jenseits der Polarität lechzte, verließ er seine gewohnten Pfade und begab sich auf die Suche. So wanderte er umher, entdeckte Räume der Unendlichkeit und lernte auf seinen Reisen das Land der Seele kennen. Er kam in Kontakt mit seiner eigenen inneren Weisheit und lernte die uralten Techniken der Schamanen. So schafft er es, Stück für Stück sich selbst zu heilen. Aber die Polarität in sich gänzlich zu überwinden, blieb ihm verwehrt. Sosehr er sich auch bemühte, so viel er auch am Feuer der Transformation in die Flammen gab, er fühlte zwar die Einheit, aber er konnte sie einfach nicht erlangen.

Der Mann war kurz davor, aufzugeben, als er einen alten Schamanen traf. Er nahm sich ein Herz und fragte diesen wie so viele andere Weise vor ihm, warum er es denn nicht schaffte, in die Einheit einzugehen. Der Alte sah ihn aus gütigen, strahlenden Augen, die das Licht der Einheit in sich trugen, lange an, bevor er antwortete: »Dein Wunsch und deine Sehnsucht nach der Einheit basieren auf deinem Ego, das du damit immer wieder fütterst. Auch wenn du dir dessen nicht bewusst bist, lehnst du die polare Welt ab. Solange du das nicht erkennen willst und weiterhin deinen Wunsch verfolgst, ohne jedoch dein Ego zu transformieren und zu überwinden, fütterst du den Teil in dir, der spaltet, trennt und damit die Polarität in dir nur noch vergrößert. Diesen Teil musst du transformieren, in den Flammen des Feuers reinwaschen, sterben lassen, damit sich das Tor zur Einheit in dir öffnen kann.«

Der Mann bedankte sich erschüttert und ging zurück zum Feuer der Transformation. Er hatte durch die Worte des Weisen erkannt, was wirklich in ihm transformiert werden sollte, damit er den Pfad der Einheit gehen konnte.

 ## ERKENNTNISSE AUS DER GESCHICHTE

- Wir können die Polarität nicht einfach überwinden, indem wir einen Pol in uns transformieren, den anderen aber bestehen lassen.
- Wir können noch so viel Transformationsarbeit in uns leisten – wenn wir es aus egoistischen Gründen tun, bringt uns das nicht weiter.
- Je kleiner unser Ego wirklich wird, desto mehr beginnt das wahre Selbst zu leuchten.

 ## SCHAMANISCHE EMPFEHLUNGEN

Was du selbst für deine Transformation tun kannst:
- Wenn du den Wunsch in dir trägst, negative Charaktereigenschaften zu verändern, dann ist der erste Schritt immer die Anerkennung dieses Pols und nicht das »Weghabenwollen«, denn damit füttern wir nur dessen Energie.
- Mache dir bewusst, dass wir in einer polaren Welt leben, und erkenne das als Grundwahrheit des Erdenlebens an.
- Mache ein kleines Ritual: Benenne das, was du transformieren möchtest, und schreibe auf einem Zettel alles auf, was dir dazu in den Sinn kommt. Bedanke dich für seine langjährige Begleitung und verbrenne dann den Zettel ganz bewusst in der Flamme einer Kerze, eines Ofens oder eines Feuers (Brandgefahr beachten!).

8

Der Ruf des Adlers erinnert dich daran, dass du grenzenlos und frei bist

**Wenn dich der Adler ruft,
dann erhebe dich und dein Bewusstsein
und tauche ein in die freien Sphären deines Seins.
Grenzenlos und weit
erkennst du deine wahre Freiheit.**

Wenn wir versuchen, unsere Probleme auf derselben Ebene zu lösen, auf der sie entstanden sind oder auf der sie sich zeigen, dann ist das ein schwieriges Unterfangen. Viel leichter und sinnvoller ist es, wenn wir uns mit unserem Bewusstsein auf eine höhere Wahrnehmungsebene begeben. Dort haben wir einen besseren Überblick und bekommen zudem etwas Abstand zu unseren Problemen. Doch gerade in stürmischen Zeiten greift unser System oft auf den in uns angelegten Überlebensmechanismus zurück. Dieser äußert sich meist in der Kampf-oder-Flucht-Reaktion, kann aber auch zum Erstarren führen.

Im Schamanismus unterscheiden wir vier grundlegende Wahrnehmungsebenen, die jeweils einen Bezug zu unserer stammesgeschichtlichen Hirnentwicklung haben.

Die Schlangenebene: Das Handeln wird rein von den Urinstinkten bestimmt. Es geht um das pure Überleben, also um Nahrungsaufnahme, Fortpflanzung, Sex und um die grundlegende Entscheidung»Kampf oder Flucht« beim Zusammentreffen mit Feinden. Hier ist kein Platz für weiterführende Gedanken oder Gefühle. Jede Handlung ist lediglich vom Instinkt bestimmt, um das Überleben, die Selbsterhaltung und die Arterhaltung zu sichern. Diese Wahrnehmungsebene ist dem Übergangsbereich zwischen dem Reptilienhirn und dem Säugetiergehirn zugeordnet. Es geht um die Materie, um unseren Körper und die Aufrechterhaltung seiner Funktionen.

Die Bärenebene: Dies ist die Ebene, auf der die Fähigkeit, zu denken und zu fühlen, entsteht. Wir sind nicht mehr rein von den Instinkten gesteuert, die Wahrnehmung wird weiter und differenzierter. Diese Ebene entspricht dem Übergang vom Säugetiergehirn zum Großhirn und ermöglicht uns, Pläne zu schmieden, Dinge zu reflektieren, Ereignisse auszuwerten und zu bewerten.

Die Falkenebene: Hier öffnet sich eine Wahrnehmungsebene, die weit über das reine Denken und Fühlen hinausreicht. Wir sind in der Lage, in Bildern zu träumen und die Zusammenhänge hinter der sichtbaren Realität zu erkennen. Es ist die Wahrnehmungsebene der Seele, die Ebene der Archetypen. Dies entspricht dem Neokortex, in dem unsere Kreativität beheimatet ist. Es ist das Land der Bilder, Träume und Mythen, der Musik und Dichtung. Auf dieser Ebene kann man durch Visualisierung leichter die Realität verändern. Und hier beginnen wir zu verstehen, dass es mehr gibt als die materielle und logische Ebene; wir ahnen, dass alles einen Sinn hat, dass alles heilig ist.

Die Adlerebene: Auf dieser Ebene herrscht reines Bewusstsein. Es gibt keine Grenzen, keine Trennung mehr, Materie löst sich auf, alles besteht aus reiner Energie. Hier erlangen wir Zugang zur göttlichen Absicht, zum Spirit sowie zu unserer wahren Berufung und Lebensaufgabe. Wir treten in Kontakt mit dem göttlichen Prinzip. Im Gehirn entspricht diese Wahrnehmungsebene dem präfrontalen Kortex.

Nach dieser Betrachtung kann der Mensch erst in einem harmonischen, sinnvollen Miteinandersein volles Potenzial entfalten. Solange wir von einer Ebene abhängig sind, sind wir weder frei noch bewusste Schöpfer, sondern Abhängige und Gefangene unseres eigenen Systems.

 Die Geschichte von dem Mann, der sein Bewusstsein öffnen musste, um Weitblick zu erlangen

Ein Mann hatte eine Menge Probleme in seinem Leben und die Herausforderungen wurden immer mehr, anstatt weniger. Er konnte gut analysieren und bewerten. Deshalb kannte er seine Probleme bis ins letzte Detail, aber je mehr er sie und sich selbst analysierte, desto weniger fand er tragfähige Lösungen. Er strengte sich sehr an, aber irgendwie konnte er keine Lösungen finden, die ihm wirklich weiterhalfen. Er hatte immer öfter das Gefühl, sich im Kreis zu drehen, und er wurde immer ängstlicher, bekämpfte alles und jeden und eines Tages ging es in seinem Bewusstsein nur noch ums Überleben. Da hörte er von einer weisen Frau, die in der Nähe in einem Tempel wohnte und unterrichtete. Mit letzter Willenskraft schleppte er sich dorthin und fragte die Frau: »Was mache ich nur falsch? Meine Probleme wachsen mir über den Kopf und ich habe Angst, bald alles zu verlieren. Werde ich langsam verrückt? Selbst meine Denkfähigkeit wird immer schlechter.«

Die weise Frau sah ihn voller Mitgefühl an, bevor sie antwortete: »Glaubst du wirklich, dass du deine Probleme auf der Bewusstseinsebene lösen kannst, auf der sie entstanden sind? Das funktioniert fast nie oder ist so anstrengend, dass du dabei auch noch deinen Verstand verlierst. Du musst dein Bewusstsein öffnen und dich auf eine höhere Ebene begeben. Wenn du dein Bewusstsein auf die Ebene eines Falken oder noch besser gleich auf die Ebene des Adlers erhebst, dann erhältst du einen Überblick und dein Blick wird weiter. Dein Bewusstsein schwingt dann viel höher und das ist das ganze Geheimnis, wie du deine Probleme lösen kannst.«

Sie zeigte dem Mann, wie er sein Bewusstsein öffnen und erheben konnte. Der Mann dachte insgeheim, dass ihm das sicherlich nicht helfen würde, und sein Verstand wollte alles als Humbug und Unsinn abtun, aber da ihm nichts anderes mehr einfiel, probierte er die Techniken aus. Und tatsächlich weitete sich wie durch Zauberhand sein Bewusstsein, er flog mit seinen Sinnen höher und höher, erkannte Zusammenhänge, die ihm bisher nicht bewusst waren, und fand nun Wege, um seine Probleme zu lösen.

 ERKENNTNISSE AUS DER GESCHICHTE

- Wir können unser Bewusstsein ausdehnen und uns über unsere bisherigen Begrenzungen erheben.
- Wir können unsere Probleme viel leichter von einer höheren Bewusstseinsebene aus lösen.
- Wenn wir uns auf eine höhere Bewusstseinsebene begeben, erkennen wir größere Zusammenhänge als auf den Ebenen darunter.
- Jede Ebene hat ihre Berechtigung, wenn wir sie nur sinnvoll einsetzen.
- Freiheit bedeutet, dass wir uns ohne Einschränkung auf allen vier Ebenen unseres Bewusstseins bewegen können.

SCHAMANISCHE EMPFEHLUNGEN

Was du tun kannst, um dich auf eine höhere Bewusstseinsebene
zu begeben:

- Mache eine Fantasiereise, in der du dir vorstellst, wie ein
  Falke und dann noch höher wie ein Adler zu fliegen. Schau
  von dort oben nach unten. Dort oben bist du grenzenlos und
  frei und hast einen Überblick und Weitblick, mit dem du deine
  Probleme viel einfacher lösen kannst.

9

Freiheit findest du nur, wenn du lernst, mit dir selbst im Sturm und Regen zu tanzen

Freiheit – der größte Wunsch der Seele,
als freier Geist das Leben zu erkunden.
Wo ist sie geblieben, wenn wir uns selbst beschränken,
Mauern bauen, anstatt zu verbinden?
Dann bremsen wir das Leben, anstatt frei zu leben.

In herausfordernden Zeiten fällt es uns oft schwer, unseren Gleichmut und unsere Gelassenheit zu bewahren. Wir fühlen uns ohnmächtig, den Ereignissen hilflos ausgeliefert, gefangen in unseren Gefühlen von Angst, Wut, Ohnmacht oder Schmerz. Wir ziehen uns gerade dann, wenn wir gefordert sind, lieber in unsere selbst geschaffenen Gefängnisse zurück, anstatt den Lebenstanz auf eine neue Ebene zu heben und zu lernen, auch im Sturm und Regen zu tanzen, um uns unsere innere Freiheit zu bewahren.

Wir alle haben uns im Laufe unseres Lebens die unterschiedlichsten kleinen und großen, bewussten und unbewussten Gefängnisse geschaffen. Wir haben unseren grenzenlosen Entdeckergeist, der sowohl die äußere, aber besonders auch die innere Welt erkunden wollte, der Abenteuer und Freiheit erfahren wollte, mehr oder weniger kleingemacht oder verdrängt und ihn hinter Mauern eingeschlossen.

Freiheit drückt sich immer durch freie, ungezügelte Lebensfreude aus. Wenn du also im Außen krampfhaft und wie ein Süchtiger immer nur den Kick der Freiheit suchst und ihm hinterherjagst, wenn du Freiheit nur über bestimmte Ereignisse, Verhaltensweisen, Freizeitaktivitäten und materielle Dinge definierst, dann bist du nicht frei, sondern gefangen in einer Ideologie oder Idee von Freiheit, die dein eingesperrter Geist hinter den Mauern seines Gefängnisses erschafft, um dich daran zu erinnern, dass er befreit werden will. Das wiederum birgt die Gefahr von massiven Suchtverhalten in sich, wenn wir den »Geist der Freiheit« nicht vollumfänglich befreien und die Mauern nicht niederreißen.

Freiheit ist ein innerer Zustand, der unabhängig von allen Ereignissen und Gegebenheiten im Außen existiert. Nelson Mandela, der Südafrika aus der Apartheid geführt hat, hat nach seiner Haftentlassung gesagt: »Als ich aus der Zelle durch die Tür in Richtung Freiheit ging, wusste ich, dass ich meine Verbitterung und meinen Hass zurücklassen musste, oder ich würde mein Leben lang gefangen bleiben.« Auch wenn du im Außen ein vermeintlich freies Leben führen kannst, sind es doch vor allem die inneren Mauern, die wir durch unsere Gedanken, Gefühle, Einstellungen und Weltanschauungen immer neu errichten und verfestigen, die uns gefangen halten und uns an wahrer, echter Freiheit hindern.

 Die Geschichte von dem Mann, der seine Freiheit hinter dicken Mauern in seinem Inneren fand

Ein Mann begab sich auf die Suche nach der Freiheit. Er war fünfundvierzig Jahre alt und hatte viel erreicht in seinem bisherigen Leben. Er hatte sich selbst immer als erfolgreichen, zufriedenen Menschen gesehen, der auf der Sonnenseite des Lebens unterwegs war. Aber seit einigen Monaten waren neue, bisher unbekannte Impulse in sein Bewusstsein getreten, und seitdem quälten ihn Zweifel, ob er so weitermachen wollte. Er fragte sich immer öfter, ob sein Leben sinnvoll war und ob er glücklich war. Gleichzeitig verspürte er eine Sehnsucht in sich, die er nicht benennen konnte, die sich aber immer stärker meldete und ihm den Schlaf raubte.

Er erkannte, dass er sich in seinem bisherigen Leben gefangen fühlte, dass er im Hamsterrad feststeckte und er sich nach mehr Freiheit sehnte, ohne zu wissen, was das eigentlich für ihn bedeutete. Also kaufte er sich ein Motorrad und suchte auf seinen Ausflügen die Freiheit. Ohne Erfolg. Als Nächstes begann er mit dem Gleitschirmfliegen in der Hoffnung, dort die Freiheit zu finden. Vergeblich. Er unternahm mehrere Reisen in die Südsee, aber auch dort konnte er seine Sehnsucht nicht stillen. Schließlich ließ er sich von seiner Firma für ein Jahr freistellen und begab sich auf eine Reise nach Asien, um dort nach der Freiheit zu suchen. Aber auch an den schönsten Stränden der Welt fand er nicht das, was er sich wünschte.

Eines Tages beobachtete er ein paar Erwachsene, die wie kleine Kinder lachend am Strand spielten, sich im Wasser vergnügten und am Abend völlig still am Strand meditierten. Sie wirkten anders als alle Menschen, denen er bisher begegnet war, und er spürte in ihrer Nähe einen Hauch von Freiheit. Also fragte er sie, was ihr Geheimnis war. Sie erzählten ihm voller Freude und Begeisterung von einem nahe gelegenen Meditationshaus, in dem sie einige Tage verbracht hatten. In der Hoffnung dort die Freiheit zu finden, ging der Mann dorthin, um sich für einen vierwöchigen Kurs anzumelden. Aber als er die Kursbeschreibung las, war er sich sicher, dass er hier falsch war. Vier Wochen schweigen, jeden Tag Stunden im Lotussitz oder kniend verbringen, nur eine Mahlzeit am Tag – der Mann war sich sicher, dass er sich geirrt hatte. Unter diesen Bedingungen würde er nicht die Freiheit finden, sondern nur eine neue Spielart des Zwangs und des Hamsterrades erleben. Aber nachdem er schon mal hier war und da er sich an die Ausstrahlung der Menschen am Strand erinnerte, wollte er es zumindest ausprobieren.

In den ersten Tagen fühlte er sich mehr denn je wie in einem Gefängnis, eingezwängt in ein Korsett aus Regeln, Geboten und Verboten. Tag für Tag verstärkte sich dieser Eindruck, zudem hatte er durch das ungewohnte Sitzen massive körperliche Schmerzen. In der zweiten Woche ging es ihm besser und er fand zum ersten Mal Gefallen am Schweigen. Er erkannte, wie befreiend es war, mit niemandem reden zu müssen. Nun lösten sich seine Schmerzen und er erlebte kurze Momente, in denen er seinen unsteten, ständig plappernden Geist ausblenden konnte. In der dritten Woche wurde er innerlich ganz ruhig, aber die Freiheit fand er auch darin nicht. In der vierten Woche aber, nachdem er sich schon damit abgefunden hatte, dass er eine gute Erfahrung gemacht, aber die Freiheit nicht gefunden hatte, tauchte plötzlich in seinem Geist ein alter Turm mit dicken Mauern auf. Direkt vor ihm befand sich ein Tor, das ihn magisch anzog. Er öffnete das Tor, betrat den Turm und da saß ein zeitloses, wunderschönes Wesen und begrüßte ihn mit den Worten: »Da bist du ja endlich, ich dachte schon, du würdest nie wieder zu mir kommen.« Der Mann war überwältigt und er wusste, dass er hier – gut in seinem Geist versteckt hinter den dicken Mauern des Turms – die Freiheit gefunden hatte, die er so sehnlichst gesucht hatte.

Im Wiedererkennen der Freiheit in sich kehrten auch die Erinnerungen zurück. Plötzlich verstand er, dass er selbst es war, der die Freiheit, die ihn in seinen ersten Lebensjahren begleitet und ihm bei vielen Abenteuer seiner frühen Kindheit zur Seite gestanden hatte, weggesperrt hatte. Plötzlich erinnerte er sich wieder, wie er in den ersten Wochen nach der Einschulung beschlossen hatte, die Freiheit wegzusperren, da er damit nur aneckte. Er konnte im Unterricht nicht stillsitzen und wollte nicht verstehen, warum er plötzlich stundenlang ruhig sein sollte. Zu Hause hatte er zum ersten Mal eine Ohrfeige bekommen mit der Mahnung, dass jetzt der Ernst des Lebens begonnen habe und er sich gefälligst anpassen müsse. Um nicht noch mehr Probleme zu bekommen, hatte er diesen Turm mit den dicken Mauern erschaffen, die Freiheit hierhergebracht, sie eingesperrt und sie dann im Laufe der Zeit einfach vergessen. Die Freiheit und der Mann umarmten sich lange. Der Turm verschwand aus dem Geist und die Freiheit war nun wieder frei, wodurch auch der Mann so wurde wie die Menschen, die er am Strand getroffen hatte.

 ERKENNTNISSE AUS DER GESCHICHTE

- Freiheit finden wir nur tief in uns selbst.
- Im Außen können wir die wahre Freiheit nicht finden, sosehr wir auch danach suchen.
- Wir können aber das, was uns im Außen begegnet, sowie unsere Lebensumstände zunächst als Spiegel betrachten, der uns aufzeigt, in welchen Lebensbereichen wir uns unfrei und im Hamsterrad gefangen fühlen. Das liefert wertvolle Hinweise, wonach wir bei unserer Reise nach innen Ausschau halten sollen.
- Freiheit ist ein natürlicher innerer Zustand. Er geht verloren, wenn wir uns nicht um ihn kümmern oder uns in ein Korsett aus Ansprüchen, Ängsten, Regeln und Normen pressen lassen.
- Wenn wir den Normen und Gepflogenheiten unserer konsumorientierten Leistungsgesellschaft folgen, landen wir im Hamsterrad.

SCHAMANISCHE EMPFEHLUNGEN

Was du tun kannst, wenn du dich im Hamsterrad gefangen
fühlst, dich der Sturm gefangen hält und du dich nach Freiheit
sehnst:

- Nimm deine Empfindungen und deine Unzufriedenheit ernst,
  schiebe sie keinesfalls einfach weg oder ignoriere sie.
- Deine Seele klopft an und will dich daran erinnern, dass du
  einen Weg gehst oder gegangen bist, der dich unfrei macht
  und dich gefangen nimmt.
- Sowohl die Gefängnisse als auch die Freiheit findest du nur in
  dir. Es hat keinen Sinn, im Außen alles niederzureißen und
  dort die Freiheit zu suchen.
- Wenn du die Freiheit nicht in dir gefunden hast, wirst du sie
  auch nie im Außen finden.
- Schau dir ohne Schuldgefühle und ohne Wut ein inneres
  Gefängnis nach dem anderen an und lausche der darin gefan-
  genen Freiheit. Was hat sie für eine Botschaft, was braucht
  es in dir, damit sich die Mauern auflösen können?
- Vergiss nicht: Der erste Schritt ist immer, das Gefängnis in
  dir zu öffnen, bevor es sich auflösen kann.
- Um dich innerlich frei zu fühlen, darfst du dich irgendwann
  auch der großen Frage nach deiner Seelenabsicht widmen,
  denn das führt in die große Freiheit.

Gib deiner Seele Raum für Heilung

Die Seele will uns nur erinnern,
uns zeigen, wer wir wirklich sind.
Die Krankheit kann uns dabei helfen,
uns selbst wieder neu zu finden.

Viele Menschen werden häufiger krank, bestehende Krankheiten verschlimmern sich oder nicht ausgeheilte Krankheiten flammen wieder auf, je herausfordernder die Zeiten sind und je länger diese bestehen. Wir brauchen unsere ganze Kraft, um den Herausforderungen und Lebensstürmen standzuhalten, schwächen damit aber oft unser Immunsystem, wenn wir mit unseren Kräften nicht haushalten und uns überfordern.

Unser gesamtes System schaltet gerade in herausfordernden Zeiten in den Überlebensmodus und löst die Kampf-oder-Flucht-Reaktion aus. Der Körper schüttet vermehrt Stresshormone aus, die lebensnotwendigen Organfunktionen werden unterstützt, alle anderen werden reduziert. Das ist grundsätzlich eine sinnvolle körperliche Reaktion, die uns und der Menschheit das Überleben gesichert hat. Die Kampf-oder-Flucht-Reaktion ist in bestimmten Fällen auch heute noch sinnvoll, aber die Herausforderungen sind heute anderer Natur und unser Leben ist meist nicht unmittelbar bedroht. Standen unsere Vorfahren dem Säbelzahntiger gegenüber, mussten sie sich blitzschnell entscheiden, ob sie kämpfen oder fliehen sollten. Die im Körper ablaufende Stresskaskade wurde jedenfalls in eine körperliche Reaktion verbunden mit körperlicher Aktivität – kämpfen oder weglaufen – umgesetzt, die Stresshormone wurden sinnvoll verbraucht. Wenn die lebensbedrohliche Situation gemeistert war, konnte sich das Gesamtsystem wieder beruhigen und entspannen.

Die meisten Herausforderungen und Lebensstürme unserer Zeit, wie zum Beispiel Dauerstress und Überforderung am Arbeitsplatz, Stress durch Dauerlärm, toxischer Beziehungsstress, finanzielle Probleme oder Orientierungslosigkeit, lösen zwar genauso wie in Urzeiten die Kampf-oder-Flucht-Reaktion in unserem System aus, jedoch ohne dass eine körperliche Reaktion stattfindet, die den Stress wieder abbaut.

Viele Menschen verharren inzwischen in einer »Dauerstressspirale«, was langfristig fatale Folgen für ihre Gesundheit sowohl auf körperlicher als auch auf geistiger, psychischer, emotionaler und energetischer Ebene hat. Die wenigsten begeben sich auf die Ebene ihrer Seele, um dort die tieferen Zusammenhänge zu klären und tragfähige, dauerhafte Lösungen zu finden. Dabei ist es gerade die Bewusstseinsebene der Seele, die uns helfen könnte, die herausfordernden Situationen gelassen und souverän zu meistern. Es erfordert Mut, genau hinzuschauen, und auch unangenehme Wahrheiten zu akzeptieren. Letztlich geht es darum, die Verantwortung für seine Situation zu übernehmen und nichts zu verdrängen oder zu bekämpfen, sondern einfach der Seele den Raum zu geben, den sie braucht, um einen Selbstheilungsprozess einzuleiten.

Die Geschichte von dem Menschen, der einen alten Seelenvertrag auflösen musste, um gesund zu werden

Die Seele bekam im Seelenland Besuch von dem Menschen, den sie begleitete. Der Mensch war schon länger krank, und sosehr sich die Seele auch bemüht hatte, ihm dabei zu helfen, die dahinterliegenden Zusammenhänge zu erkennen, hatte sich der Mensch bisher erfolgreich geweigert, Verantwortung für sich und seine Gesundheit zu übernehmen. Die Seele hatte mit der inneren Heilkraft besprochen, abzuwarten und zunächst keine weiteren Heilungsenergien mehr zu schicken. Damit wollte sie dem Menschen nicht schaden, sondern ihn daran erinnern, Verantwortung zu übernehmen und für sich zu klären, worin die in der Seelenlandschaft abgespeicherten Ursachen seiner Symptome bestanden. Nun war der Mensch mit der Hilfe eines Schamanen in das Seelenland gekommen und alle Bewohner waren bereit, ihm in Form von Bildern und Seelengeschichten zu zeigen, was seinen Symptomen zugrunde lag, worin seine eigentliche Lernaufgabe bestand, um welche Erkenntnis es eigentlich ging. So zeigte sich die Seele unvollständig, die innere Heilkraft stellte sich schlafend und die innere Weisheit führte den Menschen mit der Seele zur Höhle der Seelenverträge. Dort bekam die Seele einen Vertrag ausgehändigt mit dem Wortlaut: »Ich darf mich nicht entspannen, sondern muss immer angespannt bleiben, um zu überleben.« Der Vertrag war in einer früheren Inkarnation entstanden und entfaltete jetzt in diesem Leben seine bindende, blockierende Kraft. Diesen Vertrag brachte der Mensch gemeinsam mit der Seele zum Transformationsfeuer und sie übergaben ihn den Flammen mit der Bitte um Transformation, während die innere Weisheit die Zusammenhänge und den Bezug zum jetzigen Leben erklärte. Während die Seele jetzt den Raum hatte, um eine Selbstheilung anzustoßen – was dazu führte, dass verlorene Seelenanteile zurückkehren konnten und alle innerseelischen Archetypen für dieses Thema wieder genügend Energie und Kraft entfalten konnten –, kehrte der Mensch in die reale Welt zurück, löste auch dort mit einem Ritual den Seelenvertrag auf und so verlor der Vertrag die bindende Kraft. Nun schlugen Therapien wieder an und der Mensch wurde Schritt für Schritt wieder gesund.

 ## ERKENNTNISSE AUS DER GESCHICHTE

- Krankheit hat immer einen tiefen Bezug zu unserer Seele.
- Wollen wir nicht nur einzelne Symptome heilen, brauchen wir die ganzheitliche Seelensicht, um tiefere Zusammenhänge zu erkennen.
- In herausfordernden Zeiten und Lebensstürmen ist es besonders wichtig, auf seine Gesundheit zu achten.
- Die Kampf-oder-Flucht-Reaktion im Körper verursacht zusätzlichen Stress.
- Wir dürfen lernen, auch mit Herausforderungen gelassen umzugehen.

 ## SCHAMANISCHE EMPFEHLUNGEN

Was du für deine Gesundheit tun kannst:
- Achte besonders in herausfordernden Zeiten auf die Grundlagen der Gesundheit: gesunde Ernährung, genügend Schlaf, Ausgleich zwischen Anspannung und Entspannung, gute Luft zum Atmen, genügend Wasser trinken, Achtsamkeit und Gelassenheit trainieren, körperliche Aktivität usw.
- Wenn du merkst, dass du Raubbau mit deiner Gesundheit treibst, suche die dahinterliegenden Ursachen.
- Frage dich: Warum gehst du nicht gut mit dir um? Mangelt es dir an Selbstliebe und Selbstfürsorge? Bringst du dir selbst genügend Achtung und Respekt entgegen?

11

Dein erwachtes Leben
beginnt mit dem Träumen

**Am Anfang steht der Traum,
der die Sehnsucht in dir weckt,
der das Feuer in dir entfacht,
der dich nicht mehr loslässt.
Wenn du deinen Traum verlierst
und seiner Stimme nicht mehr lauschst,
dann hörst du auf zu leben.**

Träume bergen in sich überaus starke Kräfte, um herausfordernde Zeiten gut durchzustehen. Dazu ist es wichtig zu erkennen, welche Träume uns unterstützen und fördern, und dann mit diesen Träumen ganz bewusst zu arbeiten. Wir kennen vier Arten von Träumen:

- die Träume in der Nacht, die unser Alltagserleben mit unserem Unterbewusstsein und unserer Seele verbinden,
- die Träume, die aus unserem verletzten Ego entspringen und denen wir immer wieder hinterherhängen,
- die Tagträume, in denen wir unseren Gedanken freien Lauf lassen, ohne sie in eine Richtung zu steuern,
- den Traum, der unsere Seelenabsicht und unsere tiefste Sehnsucht ins Dasein träumt.

Hier sprechen wir über den Traum, der mit unserer Seelenabsicht und unserer tiefsten Sehnsucht verbunden ist. Der Traum, der im Leben entdeckt und erforscht werden will, der sich verwirklichen und in der Welt ausdrücken will. Der Traum, den unsere Seele träumt und der uns weit über unsere Begrenzungen hinausführt. Der Traum, der alles verändern kann, wenn wir ihm nur folgen.

Wenn du gerade durch stürmische Zeiten gehst, dann ist es umso wichtiger, der Stimme deines Seelentraumes zu lauschen und ihn nicht der Angst, der Rationalität und den äußeren Umständen zu opfern. Ansonsten übernimmt das Ego die Kontrolle, und das hat kein echtes Interesse daran, dass es dir wirklich gut geht, dass du wirklich glücklich bist und deiner Seelenabsicht folgst. Denn wenn du das tust, dann verliert das Ego seine Vormachtstellung und kann nicht mehr alles kontrollieren.

Achte also gut darauf, welchen Traum du gerade träumst. Unser Ego ist Weltmeister darin, uns zu manipulieren, und so erweisen sich die falschen Träume, denen wir folgen und die wir nicht als Ego-Träume erkennen, als große Stolperfallen und Irrwege, die gerade in stürmischen Zeiten überhaupt nicht förderlich sind und uns nicht weiterhelfen.

 Die Geschichte von Andreas, der im Kontakt mit seiner Seele seinen Traum fand und ihn vorwirklichte

Andreas lebte jahrelang nach dem Motto »Alles einfach ausprobieren«. In seinen jungen Jahren führte ihn sein Weg über Alkohol, Drogenexzesse und häufige Prügeleien bis ins Gefängnis, was ihn aber nicht dazu veranlasste, seine Grundeinstellung zu hinterfragen oder zu ändern. Nachdem er aus dem Gefängnis entlassen wurde, lebte er ohne Schulabschluss, ohne Ausbildung und ohne Perspektive auf der Straße, verfiel wieder den Drogen und landete schließlich in einer Entzugsklinik. Dort wurde er zum ersten Mal dazu aufgefordert, sein Lebensmotto zu hinterfragen. Er wurde dazu ermuntert, sein Augenmerk auch auf andere innere Impulse zu lenken, die er bisher erfolgreich verdrängt hatte, da sie ihm eher Angst einflößten, ihn nervös und unruhig machten – diese Gefühle konnte und wollte er nicht ertragen.

Einer der Krankenpfleger in der Anstalt erzählte ihm vom Schamanismus, von der Idee der Seelenabsicht und von der Möglichkeit, über schamanische Seelenreisen Kontakt mit seinen tiefsten inneren Schichten aufzunehmen. Irgendetwas in Andreas ging damit in Resonanz und zum ersten Mal in seinem Leben spürte er so etwas wie ein inneres Feuer. Fortan bemühte er sich, den Drogenentzug auch psychisch gut hinzubekommen, und nach seiner Entlassung ging er zu dem Schamanen, den ihm der Krankenpfleger empfohlen hatte. Dieser brachte ihn in Kontakt mit seiner Seele und mit seiner Seelenabsicht und daraus entwickelte sich Andreas' Traum, anderen Menschen zu helfen, die wie er selbst keinen Plan im Leben hatten und sich ziellos mit Alkohol und Drogen betäubten.

Mit diesem Traum in seinem Herzen, der das Feuer in ihm schürte und sein Herz brennen ließ, holte Andreas trotz seiner bisherigen Schwierigkeiten den Schulabschluss nach und begann eine Ausbildung zum Heilpraktiker. Gleichzeitig ging er einen schamanischen Weg, auf dem er die Geheimnisse der Seele erkundete und Techniken erlernte, um diese Seelenpfade zu gehen, und damit auch anderen Menschen zu helfen. Natürlich gab es immer wieder Zeiten, in denen Andreas zweifelte und sein altes Ego die Stimme erhob. Und natürlich gab es stürmische Zeiten, in denen er verzweifelt war und nicht wusste, wie er das alles schaffen sollte. Aber sein Traum war so stark, das Feuer so heiß, dass er alle Schwierigkeiten und Zweifel durchschritt und sich auch in dunklen Stunden nicht von seinem Traum abbringen ließ. Und eines Tages hatte er es geschafft. Andreas hatte die Heilpraktikerprüfung bestanden und sein schamanischer Lehrer attestierte ihm seine besondere Begabung, andere Menschen auf ihrem Seelenweg zu unterstützen.

 ## ERKENNTNISSE AUS DER GESCHICHTE

- Wir brauchen unseren Traum, der sich aus der Absicht unserer Seele speist und unser Herzensfeuer brennen lässt.
- Erst mit diesem Traum beginnt ein Teil in uns zu leben, der sich hier in dieser Welt verwirklichen will.
- Unser Seelentraum hilft uns, alle Hindernisse zu überwinden und Kurs zu halten.
- Wenn wir unseren Traum gefunden haben und das Feuer so stark brennt, dann kann uns nichts mehr aufhalten.
- Unser Traum hilft uns auch in schwierigsten Zeiten, unter widrigsten Umständen oder mit schlechtesten Startbedingungen, uns im Leben zu verwirklichen und uns und unser Wirken dienend dem Leben zur Verfügung zu stellen.

 ## SCHAMANISCHE EMPFEHLUNGEN

Was du tun kannst, um deine Seelenabsicht zu erkennen und deinen Traum ins Dasein zu träumen:

- Erforsche für dich – welche Sehnsucht trägst du in dir?
- Gibst du ihr den Raum, sich in einem bewussten Traum auszudrücken?
- Kläre für dich – was will deine Seele in dieser Welt verwirklichen, wie will sie sich ausdrücken?
- Verbinde dich mit deinem Herzen und höre ihm zu. Wofür brennst du wirklich?
- Was ist dein Traum? Was würdest du tun, wenn einfach alles möglich wäre? Was gibt dir das Gefühl von Sinn? Wovon träumst du?

12

Wissen ist nichts –
Weisheit ist alles

**Was hilft dir all dein Wissen, wenn du diese Welt verlässt?
Im Augenblick des Todes hilft dir nur die Weisheit,
die in dir durch dein Leben,
durch dein Tun, dein Denken und dein Fühlen
herangewachsen ist.
Die dich erkennen lässt,
worum es wirklich geht im Leben.**

Wir leben in einer Zeit, in der sich das Wissen der Menschen in atemberaubendem Tempo vervielfacht. Unsere Wissenschaft hat es sich zum Ziel gesetzt, das Leben zu ergründen und zu verstehen, warum was wie funktioniert. Erstaunlich dabei ist, dass uns all das Wissen nicht hilft, friedlicher miteinander zu leben oder Lebensstürme zu vermeiden. Auch werden wir insgesamt nicht gesünder, sondern wir verschieben anscheinend die Krankheitsbilder nur auf immer neue Ebenen, und es entstehen immer neue Krankheiten. Das Wissen wächst, doch anscheinend wächst die Weisheit der Menschen nicht mit.

Aber was ist das überhaupt, die Weisheit? Wir bezeichnen hier Weisheit als den Grundzustand unserer Seele. Unsere Seele ist mit allem verbunden, mit dem Universum, mit der Unendlichkeit, mit der Quelle, dem Leben, mit Gott – wie auch immer du diese Urquelle bezeichnen möchtest.

Unserer Seele ist es egal, wie viel Wissen du dir in deinem Leben aneignest. Wissen hat nichts damit zu tun, warum wir hierhergekommen sind. Aus Seelensicht kann Wissen sogar ein Hindernis sein – es führt uns nicht zu uns und unserem Kern, sondern im Gegenteil davon weg. So zeigt sich immer wieder, dass viel Wissen uns gerade dann, wenn praktische Lebensweisheit gefragt ist, nicht weiterhilft. Das heißt nicht, dass es besser ist, dumm zu bleiben und sich kein Wissen anzueignen. Aber wir sollten uns immer über den Stellenwert unseres Wissens im Klaren sein.

Wenn wir sterben, hilft uns unser ganzes Wissen nichts, solange wir nicht entsprechend unserer Seelenabsicht glücklich durch das Leben gegangen sind und uns in Verbindung mit unserer Seelenweisheit weiterentwickelt haben.

Lebensweisheit erwächst aus Lebenserfahrung, gepaart mit praktischem Wissen und dem Verstehen von tiefer liegenden Zusammenhängen. Unsere Seelenweisheit ist zeitlos in uns abgespeichert, sie ist verbunden mit den übergeordneten kollektiven Weisheitsfeldern der Erde, der Menschheit, des Universums und der göttlichen Weisheit. Trifft unsere Seelenweisheit auf unsere Lebensweisheit und nicht nur auf angelerntes theoretisches Wissen, dann wird ein Zauber spürbar, der uns weit über das normale Erleben erhebt, der uns in die Sphären des tiefsten Einverstandenseins mit der gesamten Existenz führt.

 Die Geschichte von dem Mönch, dessen Lebensweisheit und Seelenweisheit Leben rettete

Es waren einmal zwei Mönche. Beide widmeten ihr Leben und ihre Seele dem Gebet und der Hingabe an Gott. Der eine verbrachte ansonsten jede freie Minute mit dem Studium der Schriften. Er war wissbegierig, lernte alles auswendig und sein Wissen wuchs und wuchs. Der andere Mönch ging in jeder freien Stunde in das nahe gelegene Dorf. Er beobachtete die Menschen, half ihnen, wenn sie Schwierigkeiten hatten, und lauschte ihren Problemen und Nöten. So erfuhr er viel über das Leben mit all seinen Widrigkeiten und erlebte hautnah mit, was es bedeutete, nicht privilegiert hinter Klostermauern ein geschütztes, behütetes, sicheres Leben zu führen. Der erste Mönch lernte also aus den Schriften, der zweite lernte direkt und praktisch vom Leben.

Eines Tages brach in der Bibliothek ein Feuer aus. Der erste Mönch wusste nicht, was er tun sollte, und war starr vor Angst. Er schrie herum, rannte kopflos durch die Bibliothek und wäre beinahe in den Flammen umgekommen, hätte ihn nicht der zweite Mönch beherzt aus den Flammen gerettet. Dieser organisierte zudem ruhig und mit Bedacht die Bekämpfung des Feuers, und so war der Brand bald gelöscht. Leider waren große Teile der Bibliothek dem Feuer zum Opfer gefallen. Der erste Mönch war außer sich, waren doch gerade die Schriften dem Feuer zum Opfer gefallen, die er noch nicht studiert hatte. Er war überzeugt, dass ihm damit wichtiges Wissen verloren gegangen war und er nun nicht zu Weisheit gelangen konnte. Der zweite Mönch aber war dankbar, dass das Feuer nicht weiteren Schaden verursacht hatte, und er war dankbar für seine Gabe, weise und umsichtig mit so einer Situation umzugehen. Er hatte durch seine Art des Lebens einen guten Kontakt zur Weisheit des Lebens und zu seiner eigenen inneren Seelenweisheit erlangt.

 ERKENNTNISSE AUS DER GESCHICHTE

◆ Theoretisches Wissen allein hilft uns nicht beim praktischen Leben.
◆ Weisheit kann aus praktischem Wissen und Lebenserfahrung erwachsen.

- Lebensweisheit und Seelenweisheit zusammen schenken uns Gelassenheit und Gleichmut, auch in herausfordernden Situationen und in stürmischen Zeiten.
- Das Anhäufen von Wissen führt manchmal dazu, dass nur unser Ego wächst, nicht aber unsere Weisheit.
- Weisheit verbindet und umfasst mehrere oder alle Ebenen unseres Seins. Wissen dagegen trennt oft und beschränkt sich auf einzelne Bereiche der Realität.
- Wenn wir sterben und nicht unserer Seelenweisheit gefolgt sind, hilft uns unser ganzes Wissen auch nicht weiter, um in Frieden durch die Tür des Todes zu gehen.

 ## SCHAMANISCHE EMPFEHLUNGEN

Was du tun kannst, um Weisheit zu erlangen und dich deiner Seelenweisheit zu öffnen:

- Mache dir immer wieder bewusst, dass der Weg zur Weisheit niemals allein über die Anhäufung von Wissen beschritten werden kann.
- Lasse dich bewusst und mit allen Sinnen auf die Erfahrung des Lebens ein.
- Sammle auf deiner Lebensreise in allen Begegnungen mit dem Leben, mit Menschen, Tieren und Wesenheiten Lebenserfahrung, indem du wertfrei beobachtest, ohne zu urteilen.
- Bereise zugleich das Land deiner Seele, um dich mit deiner Seelenweisheit zu verbinden.
- Lasse dich nicht manipulieren, sondern bleibe deiner eigenen inneren Weisheit treu und folge deinem Seelenweg.

13

Deine Seele schützt sich selbst und nimmt dich in die Arme

**Die Seele schützt, das Ego trennt.
Die Seele dient in Liebe,
das Ego herrscht in Angst.
Die Seele schafft Geborgenheit,
das Ego schafft nur Einsamkeit.**

Warum verlässt uns gerade in stürmischen Zeiten so oft der Mut? Warum lassen wir uns gerade dann, wenn wir klar, fokussiert, mutig und kraftvoll agieren sollten, von unseren Ängsten überwältigen? Warum nutzen wir die Krise nicht als Chance, sondern verursachen oft genug noch zusätzlich Stress und wachsen nicht mehr weiter? Warum fühlen wir uns hilflos, schutzlos und ausgeliefert?

Auch wenn wir vielleicht das Gefühl haben, wir müssten unsere Seele schützen, so zeigt sich doch, dass es genau andersherum ist. Nicht wir müssen unsere Seele schützen, sondern unsere Seele beschützt uns.

Unsere Seele ist in ihrer Grundstruktur zeitlos, unendlich, und immer mit der Urkraft und Urweisheit dieses Universums verbunden. Alles, was wir als Seelenverletzung wahrnehmen, ist in Wahrheit nur der Spiegel, den uns die Seele vorhält. Verletzt werden kann der Körper und unser Ego, und unsere Seele zeigt uns dann in Form von Bildern, verlorenen Seelenanteilen, schwächenden Seelenverträgen usw. diese Verletzungen auf. Würden wir unser Ego komplett überwinden, unser Herz zu 100 Prozent der Liebe öffnen und unsere Seelenabsicht ohne Kompromisse verwirklichen und in die Welt tragen, dann bliebe nur noch der materielle Körper übrig, der verletzt werden kann, der sterben kann. Unser Bewusstsein wäre auf allen Ebenen heil und unsere Seele würde sich entsprechend zeigen. Wir hätten den Zustand der Erleuchtung erreicht und wären eins mit allem, was ist. In diesem Zustand kann uns nichts und niemand mehr verletzen, selbst der Tod könnte uns nichts mehr anhaben.

Unsere Seele kennt das Mysterium um den Kreislauf des Werdens, der Geburt, des Lebens, des Sterbens, des Vergehens und des Todes, und sie weiß, dass sie unsterblich ist. Sie ist die wahre intelligente Weisheitsquelle in uns, die uns führt, wenn wir sie lassen. Sie nimmt uns in ihre Arme, lässt uns ihre Fürsorge, ihre unendliche Weisheit zuteilwerden und zeigt uns liebevoll den Weg zu uns selbst und den Weg nach Hause.

Je heftiger der Sturm, umso wichtiger wäre es also, uns vertrauensvoll in die Arme unserer Seele fallen zu lassen, anstatt unserem Ego noch mehr Macht in Form von Abgrenzung, Hass, Wut oder Angst zu geben. Die Seele weiß, dass unserem wahren Selbst nichts passieren kann, dass wir im Kreislauf der Reinkarnation immer wieder eine neue Chance haben, um den Weg nach Hause zu finden.

Auf der Seelenebene begegnen uns verschiedene Archetypen und Schutzmechanismen, die uns zeigen, dass sich die Seele selbst schützt und zugleich dafür sorgt, dass auch wir als Ganzes von dieser Ebene aus gut geschützt werden – wenn wir uns schützen lassen. Denn das setzt voraus, dass wir unseren Drang aufgeben, alles zu kontrollieren, und uns voller Vertrauen unserer Seele hingeben. Solange aber unser Ego wütet und die Kontrolle innehat, gelingt das nicht. Wir trennen uns damit selbst ab von unserer Seelenweisheit und von ihrer schützenden Funktion. Angst ersetzt dann die Fähigkeit, kalkulierte Risiken in Verbindung mit unserer Weisheit einzugehen. Wir schaffen künstliche Mauern, Widerstände und Ablehnung, wo eigentlich Freiheit, Hingabe, Liebe und Vertrauen notwendig wären.

Um in der materiellen Welt sicher und geschützt den Seelenauftrag verwirklichen zu können, finden wir auf der Seelenebene die Energie der inneren Krieger. Deren Aufgabe ist es, für den Schutz unserer ureigenen persönlichen Grenzen zu sorgen, für eine gesunde Balance zwischen Abgrenzung und Öffnung und für ein Gleichgewicht zwischen Nähe und Distanz. Diese Energie verleiht uns den Mut, aus ganzem Herzen Nein zu sagen, wenn uns ein Mensch, eine Situation oder eine Aufgabe überfordert oder in anderer Weise nicht gut für uns ist. Sie ist Hüter und Wächter unserer ureigenen, ganz persönlichen Grenzen und schafft so einen geschützten, unserem Wesen entsprechenden Eigenraum in uns und um uns herum, in dem wir in allen Situationen so sein können, wie wir sind und wir uns wohlfühlen.

Die Geschichte von Sarah, die ihre innere Kriegerin befreite

Meine Klientin Sarah konnte sich nicht gut abgrenzen. Da sie nicht Nein sagen konnte, landeten auf ihrem Schreibtisch andauernd Arbeiten von Kollegen, die sie zu Ende bringen sollte, obwohl es gar nicht ihre Aufgabe gewesen wäre. Sie wurde ausgenutzt, wo es nur ging, und obwohl sie immer mehr und länger arbeitete, türmten sich die unerledigten Aufgaben. Auch privat wurde Sarah ausgenutzt und geriet zudem immer wieder an narzisstische Männer, die ihre Grenzen missachteten und sie benutzten. Dann kam der Tag, an dem Sarah einfach nicht mehr konnte und in der Arbeit zusammenbrach. Der Arzt diagnostizierte ein Burn-out aufgrund völliger Überforderung.

Da ihr die Ärzte nicht helfen konnten, kam sie zu mir, um herauszufinden, warum sie sich nicht abgrenzen konnte. Wir erforschten das Land ihrer Seele und neben vielen anderen ursächlichen Faktoren trafen wir auf Sarahs innere Kriegerin, die an einen Baum gefesselt und handlungsunfähig war. Nachdem wir die Gründe dafür gelöst hatten, konnte Sarah die innere Kriegerin von dem Baum im Land der Seele losbinden, sodass diese wieder mit ihrer Arbeit beginnen konnte. Sarah lernte Schritt für Schritt, Grenzen zu setzen und sich den Eigenraum zu erschaffen und zu nehmen, den sie brauchte, um sich wohlzufühlen. Sie lernte, Nein zu sagen, und so erholte sie sich langsam von ihrem Burn-out.

 ERKENNTNISSE AUS DER GESCHICHTE

◆ Wenn wir keine Grenzen setzen können, überfordern wir uns selbst und geben anderen die Macht, uns zu manipulieren und für ihre Zwecke einzuspannen.

◆ In Verbindung mit unserer Seelenweisheit können wir die Ursachen für die fehlende Abgrenzungsfähigkeit erforschen, diese transformieren und in Heilung bringen.

◆ Die Energie des inneren Kriegers schafft den geschützten Raum, der sich mit unserer Aura verbindet und unsere Grenzen nach außen aufrechterhält.

SCHAMANISCHE EMPFEHLUNGEN

Was du tun kannst, um dich wieder geschützt und geborgen zu fühlen:

- Nimm Kontakt mit deiner Energie des inneren Kriegers auf, indem du sie dir vorstellst und erforschst, wo du sie am besten spüren kannst. Wenn du die Technik der schamanischen Seelenreise beherrschst, kannst du auch den direkten Kontakt herstellen.

- Räuchere deine Aura mit einer guten schamanischen Schutzmischung, die den Kontakt zwischen deinem Energiefeld und deiner Energie des inneren Kriegers herstellen und damit die Stabilität deiner Aura stärken kann.

- Schau dir genau an, in welchen Lebensbereichen und Situationen du dich unsicher und ungeschützt fühlst und was du brauchst, um dies zu ändern.

14

Wenn du nicht mehr weißt, wohin, dann ist es Zeit, die Seele nach dem Weg zu fragen

Deine Seele kennt den Weg, der dich zu dir selbst führt.
Sie kennt den Weg, der dich erkennen lässt,
warum du hier in dieser Welt bist.
Deine Weisheit selbst weist dir den Weg
zum Glück, zur Liebe und zum Sinn.

Wir alle haben es schon einmal erlebt, dass wir im Leben an einen Punkt kommen, an dem wir einfach nicht mehr weiterwissen. Gerade in stürmischen Zeiten geht uns oft unser Gespür für die Richtung verloren, in die wir weitergehen sollen. Manchmal führt das zu einer kompletten Blockierung und wir treten auf der Stelle. Vielleicht machen wir uns Gedanken, wägen ab, überprüfen verschiedene Möglichkeiten und Richtungen, aber nichts fühlt sich wirklich stimmig an, nichts offenbart sich als möglicher Weg aus der Krise.

Dann stellt sich die Frage, wer uns den Weg weisen soll und kann, welcher Weg sinnvoll ist, welche Richtung wir einschlagen sollen. Hast du dir schon einmal überlegt, woher du eigentlich weißt beziehungsweise deine Sicherheit nimmst, dass der

Weg, den du eingeschlagen hast, der richtige für dich ist? Woran machst du deine Entscheidungen im Leben fest?

Oft machen wir uns darüber keine Gedanken. Solange es uns gut geht, scheint die Frage nach der Richtung im Leben, nach dem rechten Weg, überflüssig. Dabei spielt es aus der Sicht der Seele eine entscheidende Rolle, wohin wir gehen und insbesondere, wer uns unseren Weg weist.

- Folgen wir irgendwelchen Marktschreiern im Außen?
- Ist es unser Ego, das den Weg bestimmt?
- Gehen wir den Weg, weil wir Angst haben vor anderen Wegen? Oder folgen wir alten Mustern und Glaubenssätzen aus der Vergangenheit?
- Ist es unser Unterbewusstsein oder sind es unsere Ahnen, denen wir folgen, ohne es zu merken?

Im Schamanismus übergeben wir immer unserer Seele die grundlegende Führung und lassen uns von ihr beziehungsweise von unserer eigenen inneren Seelenweisheit in enger Verbindung mit unserem Herzen und unserer Herzensabsicht den Weg weisen.

Unsere gesamte eigene innere Weisheit zeigt sich auf der Seelenebene in Form von innerseelischen Archetypen. Wenn wir dazu bereit sind, die Kontrolle abzugeben und uns letztlich an uns selbst hingeben, dann ist es die Seelenweisheit, die die Führung aktiv übernimmt. Der wichtigste Archetyp ist dabei die Weisheitsinstanz des Krafttieres, das als Seelengefährte, Freund und Reiseleiter bei jeder schamanischen Reise auftritt. Unser Krafttier kennt den Weg, es hilft uns bei der Orientierung sowohl bei unseren Innenweltreisen als auch im echten Leben und lehrt uns Vertrauen und Hingabe.

Die Geschichte von Miriam, die von ihrem Krafttier aus einer Lebenskrise geführt wurde

Miriam kam zu mir, als sie in einer tiefen Lebenskrise steckte. Nach vielen sorglosen Jahren, in denen sie sich wenig Gedanken über den tieferen Sinn des Lebens gemacht hatte, fand sie sich nun in einem heftigen Lebenssturm wieder. Innerhalb weniger Monate war ihre Firma in Konkurs gegangen, ihr Partner hatte sie wegen einer jüngeren Frau verlassen und ihre geliebte Wohnung war ihr aufgrund Eigenbedarfs gekündigt worden. Miriam fühlte sich von den Ereignissen überrollt und wurde von bisher nie gekannten Ängsten heimgesucht, die ihr den Schlaf raubten. Gleichzeitig konnte sie keinen klaren Gedanken mehr fassen und verlor mehr und mehr die Orientierung in ihrem Leben. Sie hatte keine Ahnung, was sie jetzt tun sollte beziehungsweise wie sie ihr Leben nun ausrichten sollte.

In der ersten schamanischen Seelenreise, die wir machten, tauchte sofort eine Katze auf und stellte sich als Miriams Krafttier vor. Sie übernahm die Führung auf den folgenden Seelenreisen und stellte den Kontakt zu Miriams Seelenweisheit her. Miriam war tief bewegt, da sie sich sicher war, dass es sich bei dem Krafttier um die Seele ihrer geliebten Katze aus Kindheitstagen handelte, die von einem Auto überfahren worden war. Schritt für Schritt führte die Katze Miriam durch die Landschaft ihrer Seele, zeigte ihr den Weg der Selbstheilung und führte sie schließlich auf den Berg der Visionen. Dort tauchten alte, längst vergessene Lebensträume auf, die in Miriam das Herzensfeuer entfachten. Nach einiger Zeit brach Miriam zu einer Reise nach Indien auf – ihr großer Traum aus Jugendzeiten. Sie kehrte als neuer Mensch zurück. In Indien hatte sie Yoga und Ayurveda kennengelernt und nun wusste sie, wohin ihre Lebensreise führen würde. Sie machte eine Ausbildung zur Yogalehrerin und zur Ayurveda-Gesundheitsberaterin und schuf sich so eine neue Existenz, in der sie erfolgreich war, die sie zutiefst befriedigte, ihre Seele zum Strahlen brachte und ihr Herzensfeuer liebevoll brennen ließ.

 ## ERKENNTNISSE AUS DER GESCHICHTE

- Unsere Seele kennt auch im größten Lebenssturm den Weg, der uns zu uns selbst führt.
- Wenn wir bereit sind, unserer Seelenweisheit die Führung zu überlassen, kann das Krafttier seine ganze Weisheit entfalten.
- Damit öffnen wir uns für unser wahres Ich, das mit der Weisheit des Universums verbunden ist.
- Das Krafttier steht symbolisch für die Instanz in uns, die den Weg kennt, die weiß, wo wir die Lösung unserer Probleme finden.
- Die größten Krisen bergen die größten Chancen, unser Leben neu auszurichten und authentisch zu werden.
- Wenn wir an der richtigen Stelle in uns nach dem Weg fragen, finden wir zu uns selbst, und es offenbart sich der tiefere Sinn unserer Existenz.

Keine andere spirituelle Richtung taucht so tief ein in eine Welt, in der Tiere und Menschen so eng miteinander verwoben sind, wie es der Schamanismus tut. Diese enge Beziehung hat ihre Wurzeln in den mystischen Urzeiten der Menschheitsgeschichte. Die schamanische Mythologie erzählt, dass die Menschen und die Tiere einen Seelenvertrag geschlossen haben, in denen sich die Tiere bereit erklärt haben, uns Menschen auf unserer spirituellen Reise durch die Welt der Materie zu führen und uns zu unterstützen. Im Gegenzug haben sich die Menschen verpflichtet, als Erdenhüter die gesamte Schöpfung zu bewahren. Die Tiere erfüllen im Gegensatz zu uns Menschen ihren Vertrag noch immer!

Von einem Krafttier sprechen wir dann, wenn sich die »geistige Wesenheit« eines Tieres für einen Menschen zur Verfügung stellt, um mit ihm auf der Seelenebene zu arbeiten. Letztlich ist auch das Krafttier wie jeder innerseelische Archetyp ein Teil unserer inneren Weisheit. Im Krafttier drückt sich damit ein Teil unserer Seelenpersönlichkeit aus. Seine Aufgabe ist es, uns durch unsere Seelenlandschaft, in der es wohnt, zu begleiten und zu führen.

Wenn du mit dem Konzept des Krafttiers nichts anfangen kannst oder du in deiner bisherigen spirituellen Arbeit bereits mit einer anderen Weisheitsinstanz arbeitest, die dich führt, dann schau einfach, was für dich stimmig ist. Unsere innere Weisheit wird sich immer so zeigen, wie es unserem Bewusstsein und unserer Vorstellung entspricht. Vorsicht ist immer dann geboten, wenn die Führung aus Ebenen kommt, die überhaupt nichts mit unserer eigenen inneren Seelenweisheit zu tun haben. Es geht ja gerade darum, dass wir uns unabhängig machen von Fremdeinflüssen und dass wir lernen, uns selbst zu vertrauen. Es geht darum, in die souveräne Position des erwachten, erwachsenen Ichs zu kommen und nicht in einer Position der Abhängigkeit und Ohnmacht zu verweilen.

 ## SCHAMANISCHE EMPFFHLUNGEN

Was du tun kannst, um der Seele die Führung zu überlassen:

- Beschäftige dich mit der schamanischen Idee des Krafttieres, oder zumindest mit dem Gedanken, dass es Teil unserer inneren Weisheit ist und den Weg kennt, der uns aus Krisen zu einem glücklichen, authentischen Leben führen kann.
- Um mit deinem Krafttier in Kontakt zu kommen, kannst du zum Beispiel die Technik der schamanischen Reise erlernen oder eine geführte Reise unternehmen.

- Auch im ekstatischen Tanz oder in der Meditation kannst du Kontakt zu deinem Krafttier aufnehmen.
- Schau dir genau an, was dich daran hindert, Kontrolle abzugeben, und welche Ängste und Befürchtungen bei diesem Gedanken auftauchen. Mache dir dabei immer wieder bewusst, dass du die Kontrolle nur an dich selbst, an deine tiefste Weisheit abgibst.
- Mache dir auch immer wieder bewusst, dass du dir damit selbst die Antwort nach dem richtigen Weg gibst. Damit bist du authentisch und frei von jeglichen Manipulationen im Außen. Die einzige Instanz, die das wirklich verhindern will, ist dein Ego, das um seine Vormachtstellung bangt.
- Es ist wichtig, die Beziehung zu deinem Krafttier zu pflegen, so wie du in der alltäglichen Wirklichkeit eine Freundschaft pflegst. Suche immer wieder den Kontakt zu ihm und nimm diese Beziehung zu ihm – und damit zu dir selbst – ernst.
- Je mehr du dich um dein Krafttier kümmerst, desto mehr entsteht daraus eine tiefe, innige Freundschaft zu dir selbst.
- Je tiefer du vertraust und dich fallen lässt, desto einfacher und schneller wird dich dein Krafttier zu den Orten und Archetypen bringen, die dir weiterhelfen und eine Lösung für dein Anliegen bieten.
- Lasse einfach los, gib jegliche Kontrolle ab und gehe ins Vertrauen zur Weisheit deines Krafttieres – vertraue der Weisheit in dir!

15

Lasse Angst und Schuldgefühle los, dann öffnet sich das Tor zum wahren Leben

**Wirf alle Schuldgefühle über Bord
und lass dich nicht von deinen Ängsten bremsen.
Der Weg ins wahre Leben beginnt,
wenn deine Sehnsucht größer ist als alle Mauern.**

Wenn draußen der Sturm tobt, dann sind wir froh, wenn wir einen gemütlichen Ort haben, an dem es warm ist und wir uns sicher und beschützt fühlen. Aber viele Menschen verlassen diesen Ort – ihre selbst gewählte Komfortzone – auch dann nicht, wenn der Sturm nachlässt.

Wenn wir uns nur noch im Rahmen dessen bewegen, was wir kennen, was unser gewohnter, immer gleicher Alltag ist, dann bauen wir uns selbst ein Gefängnis und schneiden uns vom Leben ab. Unser Herz und unsere Seele sehnen sich nach dem Abenteuer Leben. Wir können diese natürliche Sehnsucht in uns verdrängen oder bekämpfen, aber wir können sie nie ganz töten. Das Problem dieser selbst gewählten Grenzen ist, dass sie durch unser Untätigsein, unser Verharren im Altbekannten, immer dichter werden. So bilden sich zwei ringförmige Grenzen aus Ängsten und Schuldgefühlen um uns, die uns suggerieren, dass wir doch lieber im Zustand des Scheintodes verharren sollen, anstatt uns wieder auf den Weg zu machen. Unser Ego baut aus unseren Ängsten und unseren Schuldgefühlen immer weiter an diesen Begrenzungen, sodass wir zu Sklaven unserer selbst werden. Nähern wir uns diesen Grenzen an, bekommen wir Angst oder unsere Schuldgefühle katapultieren uns wieder zurück.

Diese Ängste und Schuldgefühle machen uns klein und halten uns fest in der Ohnmacht und Abhängigkeit.

Die Lösung ist, wieder echte Verantwortung zu übernehmen für uns, unsere Wünsche und Sehnsüchte. Verantwortung verbindet uns mit unserer Schöpferkraft, macht uns groß und stark und gibt uns die Möglichkeit, aus unserer eigenen inneren Weisheit heraus zu agieren und unsere Grenzen zu überschreiten. Solange wir zulassen, dass uns unsere Ängste und Schuldgefühle kontrollieren, haben wir keine Macht und sind von unserer Schöpferkraft abgeschnitten.

Ängste und Schuldgefühle sind nichts Böses, sondern haben in ihrem Kern immer zunächst eine positive Absicht. Manche Ängste beschützen uns und sorgen dafür, dass wir überleben, manche Schuldgefühle verhindern, dass wir unser Ego rücksichtslos ausleben. Aber im Laufe des Lebens ist es sicherlich sinnvoll, beides zu hinterfragen. Wir sollten überprüfen, ob wir pathologische Ängste aus der Kindheit und Schuldgefühle, die wir aufgrund übernommener und erlernter Wertesysteme in uns tragen, noch brauchen, ob diese noch zu uns und unserem Leben passen. Wenn nicht, dann ist es an der Zeit, sie mit geeigneten Methoden zu transformieren und sich davon zu befreien.

Die Geschichte von Klara, die ihre Angst vor Hunden von ihrer Mutter übernommen hatte

Klara kam zu mir in die Praxis, weil sie massive Angst vor Hunden hatte, die sie sich nicht erklären konnte. Sie selbst hatte in ihrem Leben nie negative Erfahrungen mit Hunden gemacht. Ihre beiden Kinder wünschten sich nichts sehnlicher als einen eigenen Hund, was Klara zusätzlich massive Schuldgefühle und schlaflose Nächte bereitete.

Wie sich in schamanischen Reisen und in Gesprächen herausstellte, hatte bereits Klaras Mutter eine tiefsitzende Angst vor Hunden. Diese rührte daher, dass die Mutter als Kind vom Hofhund auf dem Bauernhof, auf dem sie aufgewachsen war, gebissen wurde und danach ins Krankenhaus musste. Anstatt Zuwendung und Verständnis zu bekommen, war sie von ihrer Mutter, Klaras Großmutter ausgeschimpft worden: Sie sei selbst schuld, dass der Hund sie gebissen hatte; hätte sie besser aufgepasst, wäre das nicht passiert, und jetzt bliebe die ganze Arbeit liegen. Klaras Mutter fühlte sich schuldig und hatte fortan massive Angst vor Hunden.

Diese Angst war auf Klara übergegangen. Als Kind durfte sie keinem Hund zu nahe kommen und ihr Wunsch nach einem eigenen Hund wurde als egoistisch und selbstsüchtig hingestellt. Klara erkannte diese Zusammenhänge in Bezug auf ihre Ängste und Schuldgefühle. Mit schamanischen Techniken konnten wir die Ängste und Schuldgefühle transformieren. Heute hat Klaras Familie zwei Hunde und sowohl Klara als auch ihre Kinder und ihr Mann sind überglücklich damit.

 ## ERKENNTNISSE AUS DER GESCHICHTE

- Viele Ängste und Schuldgefühle führen dazu, dass wir bestimmte Lebensthemen und Lebensbereiche vermeiden und so künstliche Mauern schaffen.

- Die Überwindung und Transformation unserer Ängste und Schuldgefühle eröffnet uns neue Horizonte.
- Wir können unsere Komfortzone verlassen und uns auf neue Erfahrungen einlassen. So befreien wir uns und sorgen für mehr Lebensqualität, Zufriedenheit, Freude und Wachheit in unserem Leben.
- Auch wenn sich Ängste und Schuldgefühle zunächst wie ein Sturm anfühlen und uns bis an unsere Grenzen herausfordern, gibt es Mittel und Wege, diese zu überwinden.

 ## SCHAMANISCHE EMPFEHLUNGEN

Was du tun kannst, um Ängste und Schuldgefühle zu transformieren:

- Das Wichtigste sowohl bei Ängsten als auch bei Schuldgefühlen ist sicherlich, diese nicht zu verdrängen. Denn wenn wir sie verdrängen, bekommen sie im Unterbewusstsein nur noch mehr Macht.
- Mache dir bewusst, dass sowohl Ängste als auch Schuldgefühle zum Zeitpunkt der Entstehung eine positive, schützende Absicht hatten.
- Wenn du den Ursprung findest, zum Beispiel mit einer schamanischen Seelenreise, kannst du frei entscheiden, ob die jeweilige Angst oder das Schuldgefühl noch zu dir und deinem Leben passt oder ob du sie gehen lassen kannst und möchtest.
- Um sie loszulassen, mache ein kleines Ritual: Benenne das Schuldgefühl oder die jeweilige Angst und schreibe alles, was dir dazu in den Sinn kommt, auf einen Zettel. Bedanke dich bei der Angst oder dem Schuldgefühl für seine langjährige Begleitung und verbrenne dann den Zettel ganz bewusst in der Flamme einer Kerze, eines Ofens oder eines Feuers (Brandgefahr beachten!).

16

Sicherheit ist eine Illusion – nur Selbstvertrauen hilft dir weiter

Sicherheit im Leben – das ist eine Illusion,

die wir angstvoll suchen

und doch niemals wirklich finden.

Nur der Tod ist unausweichlich,

nur der Tod ist sicher.

Selbstvertrauen hilft uns weiter,

hilft uns bei der Meisterschaft des Lebens.

Gerade in herausfordernden Zeiten wächst in vielen Menschen der Wunsch nach mehr Sicherheit. Insbesondere im reichen Westen versuchen aber viele Menschen auch ohne äußere und innere Krisen, sich gegen alle Eventualitäten des Lebens abzusichern.

Du kannst heute für oder gegen fast alles eine entsprechende Versicherung abschließen, gleichzeitig floriert das Geschäft mit Sicherheitstechnik. Das muss nicht verkehrt sein, aber letztlich kannst du damit die zugrunde liegenden, tiefsitzenden Ängste nur unterdrücken. Das Problem dabei ist, dass wir unsere Ängste ins Unterbewusstsein verschieben und gerade unsere pathologischen Ängste, die aufgrund nicht gelöster Traumata in uns schlummern, nicht in Heilung gehen können.

Wir täuschen uns selbst mit einer erkauften Scheinsicherheit. Aber das einzig Sichere im Leben ist und bleibt der Tod des physischen Körpers. Auch wenn du eine Sterbeversicherung abschließt, wirst du irgendwann sterben, wirst diesen Weg aus dem physischen Leben gehen.

In schamanischen Kulturen war der Tod immer ein wichtiger Bestandteil des Lebens nach dem Motto: »Erst wenn du den Tod akzeptiert und angenommen hast, wenn du die Angst davor überwunden hast und dann mit ihm wie mit einem Freund an deiner Seite durch das Leben gehst, beginnst du wirklich zu leben.«

Warum machen wir uns also Sorgen, lassen uns von unseren Ängsten leiten, gehen in verschiedenen Lebensbereichen in eine Vermeidungshaltung und kultivieren Vermeidungsstrategien, anstatt uns voll und ganz auf unser Leben – auf das Abenteuer Leben – einzulassen?

Warum kultivieren wir nicht unser Selbstvertrauen, vertrauen dem Leben und unserer eigenen inneren Weisheit, unserer inneren Führung, unserer Lust auf das Leben und auf Abenteuer?

Wenn wir beginnen, Sicherheitsstreben durch Selbstvertrauen zu ersetzen, überschreiten wir die Schwelle, die ein Scheinleben von einem authentischen, wachen Leben trennt.

Gerade in herausfordernden Zeiten mag die Sehnsucht nach Sicherheit noch wachsen, dies bringt uns aber nur noch weiter weg von unserer Seele und unserem Herz.

 Die Geschichte von dem Mann, der sein Leben lang Angst hatte

Ein reicher, alter Mann lag im Sterben. Seine Familie kam noch einmal bei ihm zusammen, um sich zu verabschieden. Dem alten Mann fiel es sichtlich schwer, loszulassen. Er hatte sein ganzes

Leben lang Angst vor diesem Moment des Todes gehabt und war daher immer sehr vorsichtig gewesen.

Anstatt bei schönem Wetter im See zu schwimmen, blieb er an Land im Schatten. »Ich könnte im See ertrinken und in der Sonne einen Sonnenbrand bekommen, aus dem sich ein Hautkrebs entwickelt.«

Anstatt sich etwas zu gönnen, war er sehr sparsam, fast schon geizig. »Mir könnte das Geld ausgehen.«

Anstatt mit seiner Familie zusammen zu sein, verbrachte er den Großteil seiner Zeit in seiner Firma. »Ohne meine Kontrolle könnte die Firma bankrottgehen.«

Anstatt die Welt zu bereisen und andere Kulturen kennenzulernen, blieb er lieber zu Hause in seiner Villa, die mit neuester Sicherheitstechnik gesichert war. »Es könnte jemand einbrechen, wenn ich nicht zu Hause bin.«

So hatte er sein ganzes Leben vielerlei Argumente angeführt, warum dies und jenes nichts für ihn war, warum er lieber vorsichtig war.

Nun fragte ihn sein achtjähriger Enkel: »Opa, was bereust du am meisten in deinem Leben?« Der Opa sah ihn traurig an und antwortete: »Dass ich immer nur Sicherheit gesucht habe und deshalb nie den Mut hatte, wirklich zu leben.«

»Warum hast du nach Sicherheit gesucht?«, fragte der Enkel weiter. Wieder sah ihn der alte Mann traurig an, bevor er antwortete: »Ich habe mich von meinen Ängsten leiten lassen. Heute weiß ich, dass es mir an Selbstvertrauen gefehlt hat. Wenn ich das Leben noch einmal leben könnte, dann würde ich mir die Welt anschauen, Zeit mit meiner Familie und Freunden verbringen, das Leben genießen, mehr wagen und einfach glücklich leben. Aber nun ist es zu spät und ich sterbe, ohne jemals gelebt zu haben.«

ERKENNTNISSE AUS DER GESCHICHTE

- Sicherheit gibt es nicht im Leben.
- Das einzig Sichere ist der Tod des physischen Körpers.
- Wenn wir uns aus Angst nicht trauen, wirklich zu leben, sterben wir vielleicht mit der Erkenntnis, nie wirklich gelebt zu haben.
- Erst wenn wir statt Sicherheit Selbstvertrauen anstreben und kultivieren und akzeptieren, dass es keine echte Sicherheit gibt, können wir uns richtig auf das Abenteuer Leben einlassen.
- Es kommt wie immer im Leben auf das recht Maß an. Kalkulierte Risiken lassen uns wachsen, ohne dass wir blind ins Verderben laufen.

 ## SCHAMANISCHE EMPFEHLUNGEN

Was du in herausfordernden Zeiten tun kannst:
- Hinterfrage dich ehrlich, welche Ängste dich davon abhalten, gerade auch in dieser stürmischen, herausfordernden Zeit authentisch zu leben.
- In welchen Lebensbereichen und Situationen strebst du nach Sicherheit, anstatt dir selbst und dem Leben zu vertrauen?
- Überprüfe, warum du in diesen Bereichen zu wenig Vertrauen hast und was dir fehlt, um das notwendige Vertrauen zu erlangen.
- Überprüfe dein eigenes Wertesystem und deine Glaubenssätze, die dich dazu bewegen, nach Sicherheit zu suchen, anstatt dein Selbstvertrauen und dein Vertrauen in das Leben zu stärken.
- Betrachte dein bisheriges Leben oder die jetzige herausfordernde Zeit mit Distanz aus der Zukunft heraus. Stelle dir vor,

du blickst zurück auf den Weg, den du dann schon gefunden hast, den du dann schon gegangen bist, auf dem du dich voller Selbstvertrauen dem Leben gestellt und die Krisen gemeistert hast.

- Frage dein zukünftiges Ich, was du jetzt tun kannst, um das notwendige Selbstvertrauen für deinen Weg aufzubringen, um wahrhaftig zu leben.

17

Erst wenn du aufhörst dich über den Unfrieden in der Welt zu beklagen, findest du den Frieden in dir

**Wenn du in Frieden mit der Welt sein willst,
dann finde zuerst den Frieden in dir.
Wenn du die Konflikte um dich herum beenden willst,
dann beende die Konflikte in dir.**

Beklagst du den Unfrieden, Streit, Hass und Krieg in der Welt? Hast du Angst vor der daraus resultierenden Gewalt oder bist du schon abgestumpft und verdrängst die täglich auf uns einprasselnden Meldungen aus allen Teilen der Welt? Lebst du selbst in deinem nahen Umfeld in Streit und Unfrieden?

Gerade in stürmischen Zeiten verlassen wir oft den Raum in uns, in dem wir Frieden und Ruhe empfinden, beziehungsweise werden wir regelrecht aus unserem Frieden gedrängt. Wenn wir aber den Frieden in uns noch gar nicht gefunden haben, dann verstärkt sich der Unfrieden in uns nur noch mehr.

Die alten Weisheitslehren sagen: Alles, was uns im Außen begegnet, mit was auch immer wir in Resonanz gehen – es hat immer den Ursprung in uns.

Das heißt nicht, dass du an irgendeinem Krieg oder Konflikt in der Welt schuld bist, aber wenn du nicht nur Mitgefühl empfindest für das Leid, sondern damit in Resonanz gehst, bedeutet das, dass auch in dir irgendwo noch ein Krieg tobt und du mit dir selbst nicht im Frieden bist. Wenn alle Menschen in sich echten Frieden gefunden hätten, gäbe es keinen Grund mehr für irgendwelche Konflikte in der Welt.

Dieser Zusammenhang ist uns meist nicht bewusst. Die Angst vor der eigenen nicht gelebten Wut, vor den eigenen nicht gelösten Konflikten, vor der Macht dieser Energien, vor Kontrollverlust ist so groß, dass diese Kräfte lieber unterdrückt und verdrängt werden. Oft höre ich von Klienten: »Wenn diese Energie in mir frei wird, dann kann ich für nichts mehr garantieren.« Die Konsequenz ist, dass wir unsere Energie bremsen, dass uns diese Kräfte nicht mehr konstruktiv zur Verfügung stehen und sich stattdessen gegen uns selbst richten. Hier finden wir auch die Ursache für viele Krankheiten.

Die Geschichte von Martin, dessen innerer Unfrieden sich auch im Außen zeigte

Martin kam zu mir in die Praxis, da er mit seinem Leben gänzlich unzufrieden war. Aus seiner Sicht hatte er alles falsch gemacht. Nach außen hin wirkte es so, als würde er ein erfolgreiches Leben führen. Er hatte einen gut bezahlten Job, war sportlich und attraktiv, hatte eine Lebensgefährtin, fuhr mehrmals im Jahr in Urlaub. Aber in ihm tobte ein Krieg. Er haderte mit sich selbst und mit seinem Leben. Der Teil in ihm, der ihn ständig kritisierte, war in den letzten Monaten zur Höchstform aufgelaufen. Er schrie ihn innerlich an, machte alle äußeren Erfolge nieder, bekundete, wie unzufrieden er mit Martins Leben war, und tat so, als wäre Martin ein kompletter Versager.

Martin erklärte, dass diese Stimme in ihm ja recht hatte. Trotz der nach außen sichtbaren Merkmale und Erfolge war er erfüllt von Unzufriedenheit, Selbstkritik und Selbstzweifel. Er war unglücklich, innerlich zerrrissen, als ob ständig ein regelrechter Krieg in ihm tobte, wie er es beschrieb. So wie Martin diesen Zustand der maximalen Unzufriedenheit in sich selbst erlebte, so ging er auch durch die Welt. Er kritisierte alles und jeden und legte sich mit seinen Arbeitskollegen an. Mit seiner Lebensgefährtin kam es immer öfter zum Streit, weil er auch sie, ihr Verhalten und überhaupt alles in seiner Beziehung kritisierte. Selbst im Urlaub hatte er für Unfrieden gesorgt, weil das Luxushotel nicht seinen Erwartungen entsprach, weil er alles Mögliche bemängelte und sich mit anderen Gästen anlegte.

Der innere Unfrieden zeigte sich auch im Außen in allen Lebenslagen und Situationen. So wurde Martins Leben immer mehr zu einem einzigen Feld des Unfriedens, und diese Energie drohte, ihn komplett scheitern zu lassen.

Wir erforschten gemeinsam den Ursprung des Unfriedens. Es stellte sich heraus, dass Martin in seiner Kindheit es weder seiner Mutter noch seinem Vater jemals recht machen konnte. Aus deren Sicht machte er immer alles falsch, er konnte ihre Erwartungen nicht erfüllen, sosehr er sich auch anstrengte. Diese Unzufriedenheit der Eltern hatte Martin verinnerlicht und übernommen und nun erlebte er sie einerseits in Form der inneren Stimme, die ihm immer noch einredete, dass er alles falsch machte. Andererseits erschuf er im Außen sein Leben so, dass es keinen Grund gab, zufrieden zu sein.

Martin begann Frieden zu schließen mit den Erlebnissen seiner Kindheit und lernte, sich von den unerfüllbaren Erwartungen seiner Eltern zu lösen. So fand er Schritt für Schritt Frieden in sich selbst und hörte auf, im Außen in seinem Leben für Unfrieden zu sorgen.

ERKENNTNISSE AUS DER GESCHICHTE

- Das, was wir in uns tragen, erfahren wir in der Welt oder tragen es selbst nach außen.
- Veränderung beginnt in uns und spiegelt sich dann im Außen.
- Wenn wir einen Weg finden, um den Unfrieden in uns in Frieden zu transformieren, gehen wir auch im Außen mit dem Feld des Friedens in Resonanz.
- Unzufriedenheit mit uns oder mit etwas in unserem Leben basiert oft auf nicht gelösten Konflikten, Ereignissen oder Traumata oder auf einer nicht erfüllten Sehnsucht unserer Seele.

 ## SCHAMANISCHE EMPFEHLUNGEN

Was du tun kannst, um Frieden zu finden:

- Wir sind also aufgefordert, in uns selbst die Lösung zu suchen und umzusetzen, uns selbst zu erlösen, wenn wir eine Lösung im Außen anstreben.
- Dazu dürfen wir uns auf den Weg machen, in uns den Ursprung des Unfriedens und der Unzufriedenheit zu suchen.
- Wenn wir ihn gefunden haben, geht es darum, Frieden zu schaffen und alles Notwendige dafür zu tun, um das Problem in uns zu transformieren und zu heilen.
- Dazu kannst du mit schamanischen Seelenreisen oder Meditationen arbeiten oder auch mit der Technik des kreativen Schreibens, mit der du dir deinen eigenen Unfrieden zunächst von der Seele schreibst und den Zettel dann rituell verbrennst (Brandgefahr beachten!).

18

Wenn du die Geschichte findest, in der du bereits angekommen bist, dann folge ihrem Weg zum Ziel

**Geschichten bestimmen unser Leben.
Geschichten von uns selbst,
Erzählungen und Mythen vergangener Zeiten,
Geschichten und Visionen von dem, was kommt.**

Die Erzählungen und Mythen, Sagen und Märchen, die sich Menschen erzählen, berühren uns schon immer auf besondere Weise. Das liegt sicherlich auch daran, dass sie Wahrheiten, Ansichten und tiefgründige Fragen in Bilder verpacken, die uns auf der Ebene der Seele abholen und wir dort in Resonanz damit gehen. Solche Erzählungen haben die Macht, uns zum Nachdenken zu bewegen und die Welt in ihren unterschiedlichen Facetten jenseits des rationalen Verstandes begreifen zu lassen.

Eine andere Form von Geschichten sind die, die wir uns selbst in unseren Gedanken über uns und unsere Realität erzählen. Wir erzählen uns, wer wir sind, wie wir sind, was die Welt ist und wie die Welt funktioniert.

Aber ist das wirklich so? Wer ist das, der diese Geschichten erzählt? Woher nehmen wir die Gewissheit, dass das, was wir uns über unsere Vergangenheit, über unser bisheriges Leben und über uns in diesem Moment erzählen, der Wahrheit entspricht?

Das, was wir als unsere eigene Realität wahrnehmen, wie wir uns selbst sehen, hat mit einer objektiven Realität wenig zu tun. Aus der Gehirnforschung wissen wir, dass unsere Erinnerungen zum größten Teil subjektiv sind. Unsere Gedanken und die daraus resultierenden Gefühle, unser derzeitiges Empfinden, basiert auf diesen subjektiven Erinnerungen. Es wurde nachgewiesen, dass man Menschen problemlos Erinnerungen einpflanzen kann, indem man ihnen von einem Ereignis erzählt, das sie dann für ihre Wahrheit halten und als real erlebte Erinnerung abspeichern, auch wenn dieses Ereignis tatsächlich nie stattgefunden hat. So basiert vieles von dem, woran wir uns erinnern, auf Erlebnissen, die wir einfärben, umdeuten oder gar neu erfinden.

Wenn das so ist, was spricht dann eigentlich dagegen, dass wir unsere Geschichte neu schreiben? Warum erzählen wir uns nicht einfach eine neue Geschichte, die uns aus der Opferrolle heraus in unsere Schöpferkraft bringt? Eine Geschichte, die uns Frieden bringt mit dem, was war?

Warum erzählen wir uns keine Geschichte, in der wir bereits angekommen sind? Eine Geschichte, in der wir unsere Ziele und Herzenswünsche bereits erreicht haben, in der wir der Sehnsucht unserer Seele gefolgt sind?

Unser Bewusstsein existiert nur in diesem Moment. Es greift ganz selbstverständlich auf die in uns abgespeicherten Geschichten der Vergangenheit zurück und kreiert den nächsten Moment, indem es die Geschichte weiterschreibt und wiederholt. So glauben wir alle, dass wir »so sind«, und erschaffen und formen daraus unsere Persönlichkeit und unsere Welt.

Wenn wir unserem Bewusstsein eine neue Geschichte anbieten und diese in uns verankern, dann schaffen wir die Möglichkeit, unsere Zukunft neu zu gestalten. Wir können uns so den Moment erschaffen, in dem wir schon alles erreicht haben.

Gerade in herausfordernden Zeiten ist es sinnvoll, die alten Geschichten zu überdenken und nicht nur einfach fortzuschreiben. Wenn wir wachsen und unser Bewusstsein auf neue Ebenen transformieren möchten, die uns glücklicher, stärker, zufriedener und liebevoller machen, die uns bessere Möglichkeiten geben, die Herausforderungen zu meistern, brauchen wir eine neue Geschichte, die uns genau das liefert.

Die Geschichte von den Zwillingen, die ihr Leben auf der Basis falscher Erinnerungen aufbauten

Die eineiigen Zwillinge Jara und Mira verloren im Alter von vier Jahren bei einem Autounfall ihre Eltern. Sie kamen in verschiedene Pflegefamilien, in denen sie behütet aufwuchsen. In beiden Pflegefamilien gab es Höhen und Tiefen, aber keine schwerwiegenden traumatischen Ereignisse.

Nach einigen Jahrzehnten erfuhren die Zwillinge voneinander und trafen sich zum ersten Mal wieder. Jara war eine glückliche, erfolgreiche und zufriedene Frau, hatte eine Familie und engagierte sich in unterschiedlichsten sozialen Projekten. Mira dagegen lebte allein, war mit sich und der Welt unzufrieden und hatte eine längere Drogenkarriere hinter sich. Bei ihrem Gespräch stellten beide erstaunt fest, dass sie sich völlig unterschiedliche Geschichten ihrer Kindheit erzählten. Jara erinnerte sich an liebevolle, fürsorgliche Eltern, die sich hingebungsvoll um ihre Kinder gekümmert hatten. Sie war ihren Eltern dankbar für diesen wundervollen Start ins Leben und für diese schönen Jahre. Mira dagegen erinnerte sich nur schemenhaft an ihre ersten Lebensjahre.

In ihrer Erinnerung waren ihre leiblichen Eltern immer nur mit sich selbst beschäftigt, hatten sich wenig um die Kinder gekümmert, sie sogar vernachlässigt und sie hatte nicht das Gefühl, in irgendeiner Form Liebe erfahren zu haben.

Wie sich zeigte, hatten beide die Geschichten übernommen, die ihnen ihre Pflegeeltern vermittelt hatten. Die Pflegeeltern hatten die leiblichen Eltern nicht gekannt, sie hatten Mira und Jara Geschichten erzählt, die nichts mit der Wirklichkeit zu tun hatten. Diese Geschichten hatten sich als die jeweilige Realität in Mira und Jara abgespeichert und dies prägte ihre subjektive Wahrnehmung von sich selbst und von ihrem Leben. Jara baute ihr Leben auf der Erinnerung einer liebevollen Kindheit auf, Mira dagegen führte ihr Leben auf Basis der Erinnerungen an Vernachlässigung und Lieblosigkeit fort und blieb in der Opferrolle hängen.

 ## ERKENNTNISSE AUS DER GESCHICHTE

- ◆ Unsere Erinnerungen sind niemals objektiv, sondern subjektiv gefärbt.
- ◆ Wir können nicht wissen, ob unsere Erinnerungen der Realität entsprechen.
- ◆ Unsere Geschichten über uns und unsere Vergangenheit haben enormen Einfluss auf unser jetziges Leben.
- ◆ Wenn wir uns mit der Geschichte, die wir uns tagtäglich über uns und unser bisheriges Leben erzählen, nicht wohlfühlen, können wir uns auch eine neue, bessere Geschichte erzählen.
- ◆ Unsere Geschichte heute bestimmt unser Leben, unser Handeln und unser Empfinden morgen.
- ◆ Wenn wir uns erlauben, eine neue Geschichte über uns zu erzählen, dann können wir gleich eine Geschichte erzählen, in der wir bereits dort angekommen sind, wonach wir uns sehnen, und ein glückliches, zufriedenes Leben führen.

Wir können das, was wirklich war, nicht ändern. Was passiert ist, ist passiert, und oft hat unser Gehirn die Ereignisse so interpretiert, dass diese Geschichte nichts mehr mit der Realität zu tun hat. Wir können uns und unsere Geschichte aber neu bewerten und wir können aufhören, uns von unseren bisherigen Erzählungen negativ beeinflussen zu lassen.

Wir können bewusst eine neue, bessere Geschichte erzählen, in der wir uns wohlerfühlen, die uns die Handlungsführung zurückgibt, die uns in unsere Schöpferkraft führt, die uns dankbar sein lässt. Indem wir unsere Geschichte neu schreiben, erschaffen wir ein neues Ich im Jetzt, das wiederum ein neues Ich im Morgen erschafft. Ein neues Ich, das zufrieden, in sich ruhend, innerlich lächelnd, zielorientiert und gleichzeitig gelassen und entspannt durchs Leben geht, das sich in jedem Moment die Geschichte vom Schöpferwesen erzählt, das nahezu unbegrenzt sein eigenes Leben gestaltet und alle Krisen, Herausforderungen und Lebensstürme meistert.

 ## SCHAMANISCHE EMPFEHLUNGEN

Was du tun kannst, um deine Geschichte neu zu schreiben:

- Probiere es einfach aus. Schreibe deine Geschichte auf, die du dir bisher über dich erzählt hast. Welche Punkte belasten dich dabei besonders, lassen dich ohnmächtig und klein werden? Dann schreibe die Geschichte neu, indem du alle negativen Punkte zumindest neutral, im Idealfall positiv bewertest oder gleich neu formulierst.
- Dein Verstand mag dabei zunächst rebellieren und dir vorwerfen, dass du dich selbst belügst. Aber mache dir bewusst: Du kannst nicht wissen, ob deine Erinnerungen der Realität entsprechen oder ob sie vielmehr das Ergebnis deiner eigenen subjektiven Deutung sind.

- Besonders effektiv ist es, wenn du zunächst mit deinem zukünftigen Ich Kontakt aufnimmst, das bereits dort angekommen ist, wo du hinwillst. Die Zukunft ist offen, durch unsere Entscheidungen in diesem Moment bieten sich unendlich viele Möglichkeiten, Handlungsstränge und Verästelungen. Dein zukünftiges Ich ist den Weg schon gegangen und kennt alle Schritte, die du gehen darfst, um deine Ziele zu erreichen.

- Wenn wir davon ausgehen, dass die Zeit eigentlich nicht existiert, dann können wir in einer Meditation oder Seelenreise in Kontakt treten mit diesem Ich, das bereits angekommen ist. Wir können es fragen, was wir jetzt tun können, um unser Ziel zu erreichen.

19

Im Zentrum des Orkans
findest du die Stille

Ein Ort, an dem es still ist.
Ein Ort, an dem du bist.
Ein Ort in deiner Seele.
Ein Ort, der dich zu dir führt.

Wenn wir uns Auge in Auge mit einem Orkan wiederfinden, dann ist es ganz natürlich, dass uns die Angst erfasst und wir davonlaufen, damit wir nicht von dieser Naturgewalt erfasst werden. Wenn uns der Orkan doch erwischt, dann fühlen wir uns hilflos den Gewalten ausgeliefert und kämpfen um unser Leben. Falls es noch eine Chance gibt, versuchen wir, den tödlichen Kräften zu entkommen. Genauso handeln wir meist, wenn in uns ein Orkan tobt oder wir uns in einer orkanartigen Konfrontation mit unserem Partner, mit Angehörigen, Freunden oder Kollegen wiederfinden. Wir laufen davon oder wir kämpfen oder versuchen vielleicht noch, zu verhandeln.

Was wir jedoch nicht machen, ist, geradewegs durch den Orkan hindurchzugehen und die Mitte anzustreben. Dabei ist dies das Geheimnis eines jeden Orkans: In seiner Mitte herrscht absolute Stille und Ruhe. Diesen Ort erreichen wir aber nur, wenn wir den Mut aufbringen, ohne Wenn und Aber fokussiert unseren Kurs zu halten – im Vertrauen zu uns und zu dem Wissen, dass die Ruhe und die Stille nur in der Mitte zu finden sind.

In vielen spirituellen Traditionen wird immer wieder betont, wie wichtig es ist, sein Leben aus der eigenen Mitte heraus zu leben und zu gestalten. Aber das Bewusstsein für das eigene Zentrum ist den meisten Menschen in unserer von Stress und Fremdbestimmung geprägten westlichen Kultur weitgehend verloren gegangen. Wir haben völlig vergessen, wie sich die eigene Mitte anfühlt und welches Potenzial der Kraft, der Liebe und des inneren Friedens darin liegt. Wer ist schon wirklich in seiner Mitte, wer lebt ganz aus einer zentrierten, ausgeglichenen Haltung heraus?

Wir können den Orkan als Analogie für die Herausforderungen und Stürme des Lebens betrachten. Wollen wir Frieden finden und dem Leben schöpferisch begegnen, ohne uns selbst zu verlieren, ist unsere innere Mitte der richtige Ort dafür. Hier bleiben wir gelassen, ruhen in uns selbst. Die Lebensstürme mögen toben, können uns aber nichts anhaben.

Die Geschichte von Hanna, in der seit ihrer Kindheit ein innerer Orkan schlummerte

Hanna kam zu mir in die Praxis, weil ihr Mann sie betrogen hatte und sie seitdem das Gefühl hatte, als würde ein innerer Orkan in ihr toben und sie zerreißen. Um darin nicht unterzugehen, versuchte sie zunächst, wegzulaufen, sie wurde aber immer wieder von ihm erfasst. Also versuchte sie, den Orkan zu verdrängen, aber er ließ sich nicht einfach ignorieren. Das Gefühl unterzugehen, wurde übermächtig, und so kam sie zu mir. Sie konnte und wollte ihrem Mann den Seitensprung nicht verzeihen. Sie war wütend, ohnmächtig, traurig und zutiefst verletzt und gleichzeitig fühlte sie sich schuldig. Ihr Anliegen war, einerseits ihre Gefühle, die ihr ein normales Alltagsleben derzeit unmöglich machten, wieder in den Griff zu bekommen. Andererseits wollte sie verstehen, warum ihr Mann sie nicht mehr attraktiv fand und er sich eine andere Frau gesucht hatte, von der er offenbar etwas bekam, was sie ihm nicht geben konnte.

In mehreren Sitzungen näherten wir uns Hannas Kindheit an. Es zeigte sich, dass ihr Vater ein cholerischer, unbeherrschter Mann war, der sowohl die Mutter als auch Hanna und ihre Geschwister geschlagen und ihre Mutter andauernd betrogen hatte.

Wir reisten zurück in diese Zeit. Hanna sah sich selbst als Kind und erkannte, dass sie ihren Vater als lebensbedrohlichen Orkan erlebt hatte. Und schon damals hatte sie sich schuldig und ohnmächtig gefühlt. Diese traumatischen Kindheitserlebnisse hatte sie bisher verdrängt und damit nicht gelöst oder geheilt. Durch das Fremdgehen ihres Mannes war das alte Muster wieder aktiviert worden, und genauso wie in ihrer Kindheit suchte sie die Schuld bei sich selbst, fühlte sich wieder ohnmächtig ausgeliefert und handlungsunfähig.

Wir arbeiteten schamanisch mit der Situation, dem inneren Kind, der inneren Frau und dem inneren Mann und nach kurzer Zeit konnte Hanna den inneren Orkan durchschreiten und fand in ihrer Mitte den Ort der Stille. Von diesem Punkt aus konnte sie ihre eigene Souveränität zurückgewinnen, das Gefühl der Schuld heilen, Verantwortung übernehmen und ihrem Mann aus der Position der erwachsenen inneren Frau begegnen. Sie musste sich nicht mehr in die Rolle des inneren, verletzten Kindes flüchten und damit die Ereignisse ihrer Kindheit wiederholen.

ERKENNTNISSE AUS DER GESCHICHTE

- Wenn wir den Mut aufbringen, durch den Orkan zu schreiten, finden wir den Ort der Stille und unsere Mitte.
- Nur aus der Mitte heraus sind wir in der Lage, unsere tatsächlichen oder vermeintlichen Probleme dauerhaft zu lösen.
- Selbst im größten, lebensbedrohlichen Orkan liegt die Chance, uns selbst zu finden.
- Davonlaufen kann manchmal zum Überleben notwendig sein, ist aber keine dauerhafte Lösung und hilft uns nicht, vom Überleben zum wahren Leben zu kommen.
- Unsere innere Mitte ist der Ort der Stille und des Friedens in uns. Hier sind wir jenseits von Raum und Zeit mit unserer Schöpferkraft, mit unserer Seelenweisheit und mit der Weisheit des Universums verbunden und so optimal gerüstet, um alle Herausforderungen des Lebens zu meistern.

 ## SCHAMANISCHE EMPFEHLUNGEN

Was du tun kannst, um deine eigene innere Mitte zu finden:

- Gehe den meditativen Weg, der dich in deinen Heiligen Raum führt (Seite 176 ff.).
- Jede Form von Meditation kann dir helfen, dich zu zentrieren und deine Mitte zu finden.
- Willst du dauerhaft in deiner Mitte sein, ist einer der effektivsten Schlüssel radikale Selbstakzeptanz. Wenn du aufhörst dich selbst oder Teile von dir abzulehnen und diese Spannungsfelder konsequent abbaust und überwindest, ist es viel leichter, in der Mitte zu bleiben.
- Integriere eine tägliche, kurze Meditationspraxis in deinen Alltag. Nur einmal in der Woche oder unregelmäßig zu meditieren, führt dich nicht dauerhaft in deine Mitte.

20

Deine Fragen, nicht deine Antworten, öffnen das Tor zu deiner Seele

Deine Fragen öffnen den Geist oder verschließen ihn. Fragen lenken den Fokus und damit deine Ergebnisse. Wenn du aufhörst, dir immer wieder die falschen Fragen zu stellen, kannst du deinen Geist mit deiner Seele verbinden und von dort die besten Antworten erhalten.

Hast du schon einmal darüber nachgedacht, wie deine Fragen, die du dir selbst und dem Leben stellst, deine Realität beeinflussen, dein Befinden steuern und deine Handlungen lenken? Bevor wir uns selbst innere Antworten geben, stellen wir uns, unserem Geist und unserem ganzen System immer Fragen. Diese sind meist wenig kreativ und wir haben verlernt, überhaupt den Fokus darauf zu richten.

Gerade in stürmischen Zeiten neigen wir dazu, unsere Fragen auf den Sturm auszurichten und uns mental auf unsere Probleme, unser Leid zu fokussieren.

- »Warum passiert dieser Mist jetzt gerade mir?«, ist sicherlich eine berechtigte Frage, lenkt aber den Fokus auf das Leid, das uns gerade widerfährt.

- »Wie kann ich aus dieser Situation das Beste für mich und die Welt aus dieser Situation machen?«, lenkt den Fokus auf die Chance, die in jeder Krise steckt, und ermöglicht unserem Geist, tiefer liegende Antworten zu erkennen. Wir öffnen uns für unsere Schöpferkraft und nehmen Abstand zur Opferrolle.

Je intelligenter wir die Fragen formulieren, je mehr wir damit unseren Bewusstseinsraum öffnen und weiten, desto eher stellt unser Geist die Verbindung zur Seele und zum Herzen her, desto wahrscheinlicher treten wir in eine innere Kommunikation mit unseren tiefsten Weisheitsinstanzen. Wir brauchen dann nur noch in uns hineinzulauschen, dürfen die Antworten entspannt und voller Neugierde und Freude empfangen und müssen sie uns nicht mehr mühsam erarbeiten. Jede Krise, jeder Sturm beinhaltet somit die Chance, unseren Fokus auf unsere inneren Fragen zu lenken, diese entsprechend zu verändern und so die Tore zum Seelenbewusstsein und zur Liebe zu öffnen.

 ### Die Geschichte von dem Mann, der nur die richtige Frage stellen musste, um sein Glück zu finden

Ein Mann, dem das Leben immer wieder übel mitgespielt hatte, begab sich auf die Suche nach dem Ursprung seines Leids, um sich endlich ein besseres Leben zu erschaffen. So wanderte er durch die Welt und immer, wenn er einen vermeintlich Wissenden, einen Weisen traf, stellte er ihm dieselbe Frage: »Warum läuft in meinem Leben immer alles schief?« Er bekam die unterschiedlichsten Antworten und Ratschläge, aber nichts davon half ihm wirklich, um ein besseres Leben zu führen.

Eines Tages wanderte er durch ein einsames Gebirge auf einem Pfad, der ihn zu dem weisesten aller Weisen führen sollte. Der Weg führte ihn zu einer schmalen Brücke über eine tiefe Schlucht. Kurz dahinter sollte sich die Höhle befinden, in der der weiseste aller Weisen lebte. Die Brücke wurde von einem Hüter bewacht und dieser fragte den Mann nach seinem Anliegen. »Ich bin hier, um zu erfahren, warum in meinem Leben immer alles schiefläuft«, war seine Antwort, woraufhin der Hüter nur den Kopf schüttelte und ihm den Weg über die Brücke verwehrte. Der Mann überlegte und versuchte es mit allen Weisheiten, die er bisher gehört und erfahren hatte. Aber der Hüter schüttelte immer nur den Kopf und verwehrte ihm den Weg. Der Mann war verzweifelt und es ging ihm von Tag zu Tag schlechter, da er so kurz vor seinem Ziel, den weisesten aller Weisen zu treffen, wieder vor dem Scheitern stand.

Eines Tages kam eine Frau zur Brücke und sie antwortete auf die Frage des Hüters: »Ich bin hier, um zu erfahren, wie ich das Beste aus meinem Leben machen kann, nachdem mich das Schicksal arg gebeutelt hat.« Der Hüter nickte und ließ sie passieren. Wütend stürzte sich der Mann auf den Hüter. »Warum darf sie passieren und ich nicht?«, wollte er wissen. »Sie hat anscheinend auch ein schicksalhaftes Leben und will jetzt die Lösung dafür wissen, genau wie ich.« Der Hüter schüttelte den Kopf und antwortete: »Sie will eine Lösung, wie sie es besser machen kann, damit ist ihr Fokus nach vorn gerichtet. Du willst eine Antwort, die in die Vergangenheit gerichtet ist. Damit verschließt du deinen Geist und auch das Tor, um über diese Brücke zu gelangen.« Plötzlich wurde dem Mann klar, was er bisher falsch gemacht hatte. Er erkannte, dass er keine wirkliche Lösung gesucht, sondern nur mit seinem Schicksal gehadert und sich damit selbst in der Rolle des Opfers festgehalten hatte. Er überlegte kurz, dann fragte er: »Was kann ich tun, um ein glückliches, erfülltes Leben zu leben?« Der Hüter nickte und gab ihm den Weg frei, damit er sich mit dem weisesten der Weisen treffen konnte. Aber der Mann erkannte plötzlich, dass er selbst alle Antworten in sich trug, dass er nur mit dem Verändern seiner Frage alle Tore zu seiner eigenen inneren Weisheit geöffnet hatte und er gar keine anderen Weisheiten mehr brauchte. Er bedankte sich bei dem Hüter, verabschiedete sich und lebte fortan sein Leben, indem er der Weisheit seiner Seele, die ihm den Weg zu seinem persönlichen Glück zeigte, die Führung überließ.

 ## ERKENNTNISSE AUS DER GESCHICHTE

- Wenn wir die falschen Fragen stellen, lenken wir den Fokus in die falsche Richtung und bleiben damit in unserem Leid gefangen.
- Die richtigen, intelligenten Fragen öffnen die Tore zu unserer eigenen inneren Weisheit.
- Mit intelligenten Fragen verbinden wir uns selbst mit unserer Schöpferkraft.
- Fragen sind machtvolle Werkzeuge, mit denen wir unser Leid oder unser Glück selbst bestimmen.

 ## SCHAMANISCHE EMPFEHLUNGEN

Was du tun kannst, um die richtigen Fragen zu finden:

- Wenn du mit dem Leben haderst und nicht weiterkommst, lausche in dich und höre dir selbst zu, welche Fragen du dir stellst.
- Sind es Fragen, die nach einer Lösung suchen und die nach vorn gewandt sind? Oder sind es Fragen, die sich nur um dein Leid drehen und dich in der Vergangenheit festhalten?
- Ändere konsequent alle bremsenden Fragen in förderliche, dienliche Fragen, die dir die Tore des Lebens und der Zukunft öffnen.
- So öffnet sich dein Geist und verbindet sich mit deiner Seele und mit deinem Herzen, um neue, kreative Antworten zu finden, die dich glücklich machen und dir entsprechen.

21

Wenn du dich selbst verloren hast, dann ist der Wald der beste Ort, um dich zu finden

Bäume sind meine Freunde,
sie umarmen mich bedingungslos in meinem Sein.
Im Wald, da finde ich mich selbst, erkenne,
wer ich wirklich bin. Natur erwacht in der Natur
und meine Seele darf sich zeigen.

Manche Menschen besinnen sich gerade in den herausfordernden Zeiten auf ihre Herkunft und ihre Natur und tauchen auch im Außen wieder mehr in die Natur ein. Andere verdrängen noch mehr, dass wir alle Teil der Natur sind. Wenn wir uns zunehmend in einer künstlich geschaffenen Umwelt aufhalten, in virtuelle Realitäten abtauchen oder Zeit am Handy, Laptop oder Computer verbringen, dann können wir davon ausgehen, dass uns der Bezug zu unserer wahren inneren Natur immer mehr verloren geht. Neben vielen gesundheitlichen Problemen, die es mit sich bringt, verhungert dabei auch unsere Seele, die nur erblühen, wachsen und gedeihen kann, wenn unsere innere Natur sich in der äußeren Natur aufladen, entspannen und sich zeigen und ausdrücken kann.

Heute ist es oft so, dass Menschen Angst vor der Natur, vor dem Wald, vor der Wildnis haben. Dabei lauern die größten Gefahren in den Städten und in den virtuellen Welten und Netzwerken. Wir haben den Bezug zur Natur verloren, sowohl in uns als auch in der Welt. Was heute Menschen im Waldbaden wiederentdecken, war bis vor wenigen Jahren selbstverständlich und Teil unseres Seins. Stelle dir folgende Fragen zur Selbstreflexion:

- Wo findest du dich wieder, wenn du dich selbst verloren hast?
- Kennst du überhaupt deine wahre, unverfälschte Natur?
- Wie oft bist du in der Natur?
- Gehst du noch in die Wälder – allein, meditativ, in Verbindung mit deiner inneren Natur und deiner Seele?
- Kannst du dich deiner Seelennatur öffnen und deinen Verstand in die zweite Reihe schicken?

 Die Geschichte von Annalena, die nach vielen Umwegen zu sich selbst fand

Einst wanderte Annalena, eine junge Frau, durch die Welt. Sie war auf der Suche nach sich selbst, da sie glaubte, sich schon als Kind verloren zu haben. In der armseligen Waldhütte ihrer Kindheit erfuhr sie keine Liebe, erlebte nur Streit und Zwietracht, Mangel und Hunger. Ihr Vater hatte sich kurz nach ihrer Geburt aus dem Staub gemacht und ihre Mutter ließ sie immer spüren, dass sie ihr die Schuld für ihr elendes Leben gab. Annalena bemühte sich nach Kräften, brav zu sein, und tat alles, um ihre Mutter zu besänftigen. Aber sosehr sie sich auch anstrengte, nie war es genug, nie war sie gut genug, um von der Mutter ein Lob zu erhalten.

Annalena fühlte sich immer verlorener und kurz nachdem ihre Mutter verstorben war, machte sie sich auf den Weg in die Welt, um sich selbst zu finden. Sie hatte keine Ahnung, wie das funktionieren könnte oder wo sie suchen sollte, aber eine leise, zarte Stimme in ihr forderte sie jeden Tag auf, einfach weiterzugehen. Da sie nicht wusste, was sie sonst machen sollte, folgte sie dieser Stimme. So wanderte sie durch die Welt, bereiste viele Länder, lernte andere Kulturen kennen, erlebte Freude, Liebe, Ablehnung und Leid, aber sich selbst fand sie nicht.

Als Annalena kurz davor war, zu verzweifeln und ihre Suche aufzugeben, führte ihr Weg sie zurück in den Wald, in dem sie einst aufgewachsen war. Dort erfasste sie eine unerklärliche Unruhe und die Stimme, die sie durch die ganze Welt geführt hatte, war plötzlich laut und deutlich zu vernehmen. Sie rief ihr zu, direkt in den dunkelsten Teil des Waldes zu gehen, der hinter der längst verfallenen Hütte ihrer Kindheit lag. Diesen Teil des Waldes hatte Annalena in den dunkelsten Stunden ihrer Kindheit aufgesucht und sie erinnerte sich, wie sie einst mit den Bäumen gesprochen hatte. Diese hatten ihr Trost gespendet und ihr immer wieder ihren Lebensmut zurückgegeben. Als sie jetzt diesen Abschnitt des Waldes betrat, sah sie hinter den mächtigen Baumstämmen sich selbst als Kind, in verschiedenen Altersstufen. Die Stimme in ihr erklärte, dass sie hier alle Teile von sich wiederfinden würde, die sie als Kind verloren hatte. Annalena konnte es nicht glauben. »Warum hast du mich durch die Welt geführt, wenn die Lösung doch so nahe war?«, fragte sie. »Es gibt immer einen richtigen Zeitpunkt im Leben, um zu heilen, um wieder ganz zu werden, um sich selbst zu finden. Dazu bedarf es einer inneren Reife, die du durch deine Reise in der Welt erlangt hast. Und nun ist es an der Zeit, nach Hause zu gehen, wieder ganz und heil zu werden. Nun ist es für dich an der Zeit, dich selbst zu finden«, lautete die Antwort. In den darauffolgenden Stunden erlebte Annalena, wie alle Teile, die sie verloren hatte, zu ihr zurückkehrten und sie so zu sich selbst fand.

ERKENNTNISSE AUS DER GESCHICHTE

- Die Natur ist der beste Ort, um zu heilen.
- Heilung heißt, seine wahre Natur wiederzufinden.
- Die Kraft der Bäume hilft uns, wieder ganz und heil zu werden.
- Die Energie des Waldes erdet uns und hilft uns, unsere Wurzeln wiederzufinden.
- Im Wald können wir uns erden und über unsere Wurzeln alles abgeben, was uns belastet, blockiert und krank macht. So schaffen wir Platz, um uns selbst zu finden.
- Unser Bezug zur Natur im Außen spiegelt uns unseren Bezug zu unserer eigenen inneren Natur wider.

 ## SCHAMANISCHE EMPFEHLUNGEN

Was du tun kannst, um dich selbst wiederzufinden:

- Gehe immer wieder allein in die Natur. Schalte dein Handy aus und lausche der Natur. Nur im Alleinsein ohne Ablenkungen kannst du dich selbst finden.
- Laufe barfuß. So erdest du dich und schaffst eine Verbindung, über die alles, was dich hindert, dich zu finden, abfließen und heilen kann.
- Mache im Wald immer wieder ein kleines Ritual. Stelle dich dazu barfuß aufrecht hin und lenke deine Aufmerksamkeit zu deiner Atmung. Stelle dir dann vor, dass beim Einatmen die unterstützende Weisheit und Kraft der Natur, von Mutter Erde und Vater Sonne in dich strömt. Beim Ausatmen stelle dir vor, dass alles, was dich daran hindert, dich wiederzufinden und bei dir anzukommen, aus dir hinausströmt und von der Weisheit der Natur liebevoll aufgenommen wird. So werden auch diese dich blockierenden Energien wieder in ein Feld der Lebenskraft transformiert.

22

Hingabe an das Leben erlöst dich aus den Mauern deiner Illusionen

Hingeben – nicht aufgeben.

Hinschauen – nicht wegschauen.

Erlösen – nicht festhalten.

Das Leben wartet schon auf dich,

will dich in Freiheit fest umarmen.

Begriffe wie »dienen« oder »Hingabe« werden in unserer Gesellschaft oft negativ bewertet und mit Schwäche gleichgesetzt. Gefragt sind Qualitäten wie »Führung«, »aktiv gestalten« oder »sich durchsetzen«. Wer will schon Diener sein? Wenn wir die Wahl haben, dann doch lieber König oder Königin. Und warum sollten wir uns überhaupt hingeben, wenn wir doch unser Leben aktiv gestalten können?

All dem liegt eine falsche Deutung und Wertung der Begrifflichkeiten zugrunde. Dies führt zu vielerlei Fehlinterpretationen, nährt unsere selbst geschaffenen Illusionen und verhindert, dass wir das Leben in vollen Zügen erfahren und genießen können.

Gerade wenn wir uns in herausfordernden, stürmischen Phasen befinden und unser System im Überlebensmodus agiert, verstärkt die Vorstellung, sich jetzt einfach dem Leben hinzugeben, noch unsere Ängste. Stattdessen kämpfen wir weiter gegen alle Widrigkeiten an. Dabei verkennen wir, dass uns Kampf, Härte und das Nichtanerkennen der Gegebenheiten vielleicht beim Überleben hilft, nicht aber beim Leben. Wir glauben allen Ernstes, dass wir es mit unserem beschränkten Ego besser wüssten als das Leben selbst.

 ### Die Geschichte von dem Mann, der lernte, loszulassen und sich dem Leben hinzugeben

Ein Mann befand sich im Fluss des Lebens. Der Fluss war breit und floss träge vor sich hin. Der Mann konnte gemütlich mitschwimmen. Er konnte ohne große Anstrengung auch gegen die langsame Strömung anschwimmen, an beide Ufer oder quer durch den Fluss gelangen und so verfestigte sich bei ihm der Glaube, alles im Griff zu haben, alles selbst steuern zu können und zu wissen, wie das Leben im Lebensfluss funktioniert. Er machte sich keine großen Gedanken, warum er hier war, und schwamm tagein, tagaus ohne Ziel umher.

Dann wurde die Strömung aber stärker, die Geschwindigkeit und die Kraft des Flusses nahmen zu. Der Mann bemerkte das, war aber immer noch der Meinung, er hätte alles im Griff, auch wenn er sich jetzt mehr anstrengen musste. Dann verwandelte sich der Fluss in eine reißende Strömung mit Strudeln. Nun geriet der Mann in Panik, da er plötzlich nicht mehr machen konnte, was er wollte, und er um sein Überleben kämpfen musste. Panisch klammerte er sich in der Nähe des Ufers an einer Baumwurzel fest, aber an dieser Stelle hatte sich ein Strudel gebildet und drohte, ihn in die Tiefe zu reißen.

Der Mann kämpfte und kämpfte und musste doch erkennen, dass er gegen die Kraft des Flusses keine Chance hatte. Er wurde immer schwächer, trotzdem wollte er nicht loslassen und sich seinem Schicksal hingeben, das das Leben für ihn vorgesehen hatte. Kurz bevor ihn seine Kräfte endgültig verließen, hörte er aus dem Tosen des Wassers plötzlich eine sanfte Melodie und eine leise Stimme, die sanft zu ihm sprach. Sie forderte ihn auf, zu vertrauen, loszulassen und sich dem Lebensfluss mit all seinen Energien hinzugeben, statt dagegen anzukämpfen. Also ließ der Mann los und wurde von dem Strudel nach unten gezogen. Er dachte, nun würde er sterben, und wollte schon wieder gegen den Sog ankämpfen, aber wieder hörte er die Musik und die sanfte Stimme, die ihn erneut aufforderte, sich einfach hinzugeben und zu vertrauen. Und tatsächlich wurde das Wasser am Grund des Flusses immer ruhiger und drückte ihn in die Mitte des Flussbettes, wo er wieder auftauchte. Dort trieb gerade ein Baumstamm vorbei, auf den er sich schwingen konnte. Nun trug ihn die Strömung sicher durch alle Stromschnellen und Strudel und irgendwann mündete der Fluss ins Meer. Der Mann wusste plötzlich, dass er angekommen war. Er hatte verstanden, dass seine Idee, alles im Griff zu haben, eine pure Illusion gewesen war. Nun wusste er, dass es seine Lernaufgabe im Lebensfluss gewesen war, seine Illusionen zu überwinden und sich dem Leben hinzugeben.

 ERKENNTNISSE AUS DER GESCHICHTE

- ◆ Die größte Illusion im Leben ist es, zu glauben, dass wir das Leben kontrollieren können.
- ◆ Unser verletztes Ego suggeriert uns, dass wir alles im Griff haben, um seine Vormachtstellung zu behalten.
- ◆ Erst wenn wir erkennen, dass es im Leben darum geht, uns dem Leben hinzugeben und dem Fluss des Lebens zu vertrauen, können wir die Mauern unserer Illusionen überwinden.

- Wahre Könige und Königinnen dienen ihrem Volk und geben sich ihrer Aufgabe hin.
- Wahre Macht, wahre Größe besteht in der Hingabe an eine größere Aufgabe, an einen tieferen Sinn, der weit über unsere begrenzte Wahrnehmung hinausreicht und dem großen Ganzen dient.

 ## SCHAMANISCHE EMPFEHLUNGEN

Was du tun kannst, um die Kontrolle loszulassen und dich hinzugeben:

- Schau dir zunächst genau an, in welchen Lebensbereichen und Situationen du Kontrolle ausübst, wo du in deinen Illusionen der Macht gefangen bist.
- Überlege, was dir Angst macht und dich daran hindert, dich für eine größere Aufgabe hinzugeben und dem Leben zu dienen.
- Frage dich, ob du deinen Lebenssinn schon gefunden hast und ob du verstanden hast, dass wir alle hierhergekommen sind, um dem Leben zu dienen.
- Wenn du Angst hast oder dir dein Ego suggeriert, Hingabe sei nur etwas für Schwächlinge und nütze dir nichts im Leben, dann probiere es doch einfach immer wieder spielerisch aus.
- Du kannst zum Beispiel genau dann, wenn du Widerstand in dir spürst, ärgerlich wirst oder in den Kampfmodus schaltest, einfach innerlich zunächst innehalten. Nimm ein paar tiefe Atemzüge, verbinde dich mit der Erde unter deinen Füßen und überlege dann, wie es wäre, dich der Situation hinzugeben, indem du nicht kämpfst, sondern darüber nachdenkst, wie du gerade jetzt dem großen Ganzen dienen kannst.

23

Erwachen heißt erkennen, wofür du hierhergekommen bist

An dem Tag, an dem du geboren wurdest,
lächelte das Universum.
An dem Tag, an dem du entdeckst,
wofür du hierhergekommen bist,
jubiliert das Universum.

Es gibt immer ein zweites Leben. Dein erstes Leben beginnt mit deiner Geburt. Dein zweites Leben beginnt, wenn du erkennst, wofür du hierhergekommen bist, wenn du dein »Wofür« gefunden hast.

Leider leben aber viele Menschen noch nicht einmal ihr erstes Leben in vollen Zügen, sondern bleiben in einer Art komatösem Schlaf gefangen. Sie wiederholen tagtäglich ihre antrainierten alten Muster und Gewohnheiten und sitzen ihr Leben mehr oder weniger ab. Anstatt sich aktiv und bewusst dem Leben zu widmen, lassen sie sich von ihren Ängsten, erlebten Traumata, von ihrer inneren Verwirrung oder von übernommenen Glaubenssätzen einschränken und blockieren. Unsere Seele will aber Freude empfinden, lachen, singen, tanzen, feiern. Sie will die Welt aktiv erkunden, will sich zeigen und mit ihren Geschenken – also damit, wofür sie hier in der Welt angetreten ist – dem Leben dienen. Das hat nichts mit Anstrengung, Stress oder »müssen« zu tun. Wenn sich unsere Seele in der Welt zeigt, dann wird es leichter, freudvoller und hingebungsvoller und wir beginnen mit einem inneren Lächeln unser Licht in die Welt strahlen zu lassen. Dann können uns auch herausfordernde Zeiten nicht mehr aus der Bahn werfen und wir sind unabhängig von den Geschehnissen im Außen mit unserer tiefsten Freude und Liebe zum Leben verbunden.

Wenn du nicht weißt, wofür du hierhergekommen bist, woher willst du dann wissen, wohin du gehen sollst?

Gerade in herausfordernden Zeiten zeigt sich deutlich, wo wir wirklich stehen. Das Leben klopft stürmisch an unsere Türe und wenn wir dann unser »Wofür« nicht kennen und ihm konsequent folgen, dann finden wir wahrscheinlich auch keine wirklich kreativen, großen und inspirierenden Antworten, die wir dem Leben geben könnten.

In vielen Stammeskulturen war das Ritual der Visionssuche fest verankert. Damit konnte jedes Stammesmitglied klar erkennen, worin seine spezielle Lebensaufgabe im Stamm bestand, worin seine dienende Funktion für den Stamm und für die Gemeinschaft lag. Natürlich waren die Möglichkeiten einer Stammeskultur mit all den Gefahren und Herausforderungen der Natur begrenzt. Im Gegensatz dazu haben die heutigen Menschen in den reichen westlichen Kulturen schier unbegrenzte Möglichkeiten, sich auszudrücken und zu verwirklichen. Gleichzeitig wissen immer weniger Menschen, worin ihr tiefer Lebenssinn besteht, warum sie hier auf dieser Welt sind. Und selbst Menschen, die sich auf eine Art Visionssuche begeben, um ihr »Wofür« zu klären, finden oft keine befriedigende Antwort oder nur Teilantworten.

Gerade stürmische Zeiten sind eine gute Gelegenheit, sich selbst und sein Leben zu hinterfragen und in sich hineinzuspüren, ob man auf dem richtigen Weg ist. Auf dem Weg, der uns echte, tiefe Erfüllung, ein Gefühl von dauerhaftem, innerem Glück oder zumindest tiefe Zufriedenheit schenkt. Wenn uns das Leben eh schon schüttelt und rüttelt, warum nutzen wir dann nicht diese Energie, um unser Leben neu zu justieren?

Die Geschichte, wie die Menschen erkennen, warum sie auf die Erde gekommen sind

Gott überlegte, was das Wichtigste sein sollte für die Seelen, die sich auf der Erde als Menschen inkarnieren wollten. Er kam zu dem Schluss, dass dies der Sinn des Lebens sei. Er überlegte weiter, worin die Menschen ihren Sinn finden konnten, wie sie erkennen konnten, warum sie auf die Erde gekommen waren, und wie sie sich selbst als göttliche, zeitlose Wesen erkennen konnten, die in ihrem Kern aus purer Liebe bestanden. Schließlich legte er fest: Die Menschen sollten sich selbst erkennen, wenn sie entdeckten, dass sie auf die Erde gekommen waren, um ...

- sich und ihre Seele weiterzuentwickeln.
- ihre zuvor festgelegte persönliche Lebensaufgabe zu erkennen und zu meistern.
- ihre überpersönliche Lebensaufgabe als Erdenhüter und Erdenhüterinnen zu erfüllen.
- die bedingungslose Liebe in allem zu erkennen und sie aus sich heraus erstrahlen zu lassen.
- aus alldem ihre Lebensvision und Lebensmission zu erkennen und zu leben.
- das Leben zu feiern.
- ihr Bewusstsein permanent zu erweitern, bis sie wieder im Allbewusstsein erleuchtet zu Hause sind.

Vielleicht hast du beim Lesen das Gefühl, dass das ganz schön viel ist und zunächst auch ziemlich abstrakt klingt. Dabei ist es eigentlich ganz einfach.

 ## ERKENNTNISSE AUS DER GESCHICHTE

- Das Leben wird erst dann sinnvoll, wenn wir unseren Sinn, unseren Lebenssinn, unsere Lebensaufgabe erkennen, und dieses Geschenk dem Leben übergeben – uns damit dem Leben hingeben.
- Sinn entsteht immer in uns, er ist individuell, einzigartig und persönlich.
- Erst wenn du weißt, warum du hier bist, kann sich alles ändern und du kannst ein glückliches, freies, zufriedenes und sinnerfülltes Leben führen.
- Deine Lebensaufgabe beziehungsweise Berufung, also das, warum du hierher auf diese Erde gekommen bist, ist der Dreh- und Angelpunkt für alle anderen Bereiche des Lebens.
- Du kannst zum Beispiel eine glückliche Beziehung nur dann führen, wenn du völlig klar und fokussiert dein Leben auf deine Lebensaufgabe ausgerichtet hast. Erst dann ist auch deine Beziehung entlastet und nicht mehr mit negativen Erwartungen und unrealistischen Wünschen und Sehnsüchten überfrachtet. Erst dann kann eine Beziehung wirklich frei gelebt werden und zu einer echten Begegnung zweier freier Seelen werden, die sich gegenseitig unterstützen, bereichern und sich ihren inneren Reichtum in Form von echter Liebe und Begegnung spiegeln.

SCHAMANISCHE EMPFEHLUNGEN

Was du tun kannst, um deinem Leben einen tieferen Sinn zu geben:

- Schau zunächst, was dir wirklich Freude bereitet. Was machst du gern, bei welcher Tätigkeit kannst du dich selbst vergessen, Raum und Zeit um dich herum vergessen, weil du ganz bei der Sache bist?
- Kläre anhand der Aufzählung auf Seite 108, ob du deinen Sinn zumindest schon teilweise gefunden hast oder auf dem Weg bist, um diesen zu finden. Bleibe konsequent dabei, so lange, bis du das Gefühl hast, deinen Weg gefunden zu haben.

24

Wenn deine Seele leuchtet und ihr Strahlen sichtbar wird, dann hast du das Tor zu deinem Weg gefunden

Deine Seele wartet nur darauf, dass du ihr Leuchten sichtbar werden lässt. Denn sie will strahlen, tanzen, singen, will ein Leuchtturm sein und sichtbar voller Freude sich selbst dem Leben schenken.

Weißt du, wie es sich anfühlt, wenn deine Seele strahlt und leuchtet? Das tut sie dann, wenn du unabhängig von allen äußeren Umständen und in Verbindung mit deiner Herzenskrieger-Energie (Seite 12 ff.) ihrem Ruf und damit deiner Berufung und Bestimmung folgst. Dafür bist du hierhergekommen und dafür hast du alle Ressourcen in dir.

Wenn du diesen Weg gehst – ohne Wenn und Aber – dann verschwinden alle Eintrübungen, die dein Licht bisher unterdrückt haben. Du wirst zum Leuchtturm, der auch für andere zur Inspiration und Orientierung wird. Du dienst dir selbst, dem Leben und der Schöpfung und du bringst den göttlichen Funken in die Welt, der sich durch dich ausdrücken will. Du bist endlich im Leben angekommen und hast alle Schranken überwunden, die dich bisher davon getrennt haben, zu leben. Du bist erwacht und wenn die momentanen Umstände auch noch so schwierig sind, hast du deine Fackel entzündet. Du hast den Weg der Manipulation, der Kleinheit und der Unterdrückung verlassen und bist frei.

Wahrscheinlich kennst du den Begriff der Aura. Die Aura ist das feinstoffliche Energiefeld, das unseren physischen Körper umgibt. Sie besteht aus unterschiedlichen Energiehüllen und hat meist eine charakteristische Färbung, die sich mit dem jeweiligen momentanen Gesamtzustand des Menschen immer wieder verändert. Das Strahlen unserer Seele zeigt sich vor allem auch im Leuchten der Aura. Ist diese eher trüb oder eingedunkelt, ist dies ein Hinweis, dass unsere Seele momentan nicht wirklich strahlt.

Eine andere in unserem Kulturkreis bekannte Darstellung des strahlenden Lichts ist der Heiligenschein um den Kopf eines Meschen, der als Heiliger oder Heilige gilt oder so wahrgenommen wird. Dieser Heiligenschein entsteht als feinstoffliche Erscheinung, wenn unsere Zirbeldrüse, das ist eine kleine, aber zentrale Drüse in der Mitte unseres Gehirns, uneingeschränkt arbeiten kann und sich in ihr das Tor zum Allbewusstsein öffnet, was einem Zustand der Erleuchtung gleichkommt.

Manche Menschen lassen sich durch stürmische Zeiten beflügeln, sie wachsen über sich selbst hinaus, verlassen ihre bisherige Begrenzung und gehen einen Weg der Transformation, der sie zu sich selbst führt. Dadurch öffnen sie das Tor und fangen an zu strahlen.

Andere Menschen hingegen machen genau das Gegenteil. Sie ziehen sich zurück, begrenzen sich noch stärker und versuchen krampfhaft, an ihren bisherigen Gewohnheiten, Überzeugungen und Verhaltensweisen festzuhalten, wodurch ihr Strahlen immer schwächer wird.

Die Geschichte von Helena, die die Aura der Menschen sehen konnte

Immer schon gab es Menschen, die die Gabe hatten, das Strahlen eines Menschen nicht nur zu erahnen, sondern es auch zu sehen. Und einige können das Leuchten nicht nur sehen, sondern auch erkennen, wodurch es verhindert wird. Je klarer und konsequenter ein Mensch seinen Seelenweg geht, seine Seelenabsicht lebt und diese sich in der Welt ausdrücken kann, desto heller leuchtet das Energiefeld.

Helena war eine junge Frau, die in den Bergen lebte. Da sie ihrem Seelenweg folgte, leuchtete sie so hell und klar, dass es sogar von Nichtsehenden wahrgenommen werden konnte. Sie galt unter den Menschen als eine Heilige, durch die sich Gott selbst ausdrückte.

Eines Tages kam ein junger Mann zu ihr, der überhaupt nicht leuchtete, sondern voller Dunkelheit war. Er wollte von Helena wissen, was er tun könnte, um seinen Seelenweg zu gehen. Helena begann also in seinem Energiefeld zu lesen und nach den Ursachen der Dunkelheit zu suchen. Aber bevor sie tiefer in die Dunkelheit eintauchen konnte, schlug der junge Mann sie nieder und überwältigte sie. Sein Plan war, dass sie fortan als seine Sklavin ihre Gabe einsetzen sollte und er dadurch reich werden würde. Aber ab diesem Moment hatte Helena ihre Gabe verloren und so kamen bald keine Menschen mehr zu ihr. Der junge Mann war außer sich vor Zorn und wollte Helena in einen Abgrund stürzen. Doch in ihm hatte sich die Dunkelheit noch weiter ausgebreitet, und so wurde auch sein Augenlicht dunkel. Statt Helena stürzte er selbst in den Abgrund.

Als er am Boden aufschlug und starb, sah Helena sein bisher eingesperrtes Licht aus den Tiefen seiner Seele aufsteigen und plötzlich war auch ihr eigenes Licht wieder frei und ihre Gabe zurückgekehrt. Fortan konnte sie wieder dem Weg ihrer Seele folgen und ihre Gabe zum Wohle der Menschen einsetzen.

ERKENNTNISSE AUS DER GESCHICHTE

- Wenn wir dem Ruf unserer Seele folgen, das Tor öffnen und den Seelenpfad beschreiten, dann zeigt sich auch das Seelenlicht und wir beginnen von innen heraus zu strahlen.
- Die Seele leuchtet nur, wenn sie frei ist. Wir können das Seelenlicht nicht zwingen, sich zu zeigen, denn es ist nicht manipulierbar. Es zieht sich zurück und wartet, bis es durch das Tor der Freiheit wieder strahlen kann.
- Auch in der tiefsten Dunkelheit ist irgendwo das Seelenlicht verborgen.
- Es liegt an uns, wofür wir uns entscheiden: für den lichtvollen Pfad der Seele, der uns in die Freiheit führt, oder für den dunklen Pfad, der uns gefangen nimmt und blind macht.

 ## SCHAMANISCHE EMPFEHLUNGEN

Was du tun kannst, um dein Licht strahlen zu lassen:
- Erforsche konsequent, warum du hier auf dieser Welt bist, und öffne dieses Tor zum Segen für die Schöpfung.
- Wenn du dein Seelenlicht gefunden hast, dann lasse nicht zu, dass es in Unfreiheit und Dunkelheit versinkt.
- Folge so konsequent wie möglich deinem Seelenpfad und lasse dein Licht mehr und mehr erstrahlen.
- Überprüfe für dich, was dich bisher daran hindert, dein inneres Strahlen der Welt zu schenken.
- Transformiere alles, was dein Licht bremst. Dazu brauchst du wahrscheinlich Mut, um deine bisherigen dunklen Seiten anzuschauen, sie anzunehmen und dann zu transformieren.

25

Solange du nur in der Sonne lachst, hast du die Absicht deiner Seele nicht gefunden

Tanze im Regen, lächle in der Finsternis,
bleib glücklich auch im Sturm.
Lasse dich durch nichts von dir selbst abbringen.
Bleib dir und deiner Seelenabsicht treu
und feiere dein Leben.

Solange die Sonne des Lebens lacht, es uns gut geht und wir keine größeren Herausforderungen meistern müssen, ist es einfach, zu lachen und das Leben zu genießen. Aber was, wenn Wolken den Himmel verdunkeln, Regen, Schnee und Sturm aufziehen? Was, wenn dein Leben plötzlich nicht mehr glattläuft, du Niederlagen erleidest, dich Ängste quälen und du nicht mehr schlafen kannst? Wie antwortest du dann dem Leben?

- Kannst du trotzdem lachen und dir deinen Humor bewahren?
- Bleibst du innerlich gelassen und bewahrst dir deine Freiheit?
- Verfolgst du trotzdem deine Ziele und Träume?

Wenn du schnell aufgibst, dann hast du wahrscheinlich die Absicht deiner Seele noch nicht gefunden, oder du hast ihr bisher nicht den Raum und die Aufmerksamkeit gegeben, damit sie sich im Leben auszudrücken kann. Die Absicht unserer Seele ist die stärkste Antriebskraft, die wir kennen. Sanft und mächtig zugleich will sie sich ohne Kompromisse im Leben manifestieren. Aber erst wenn wir uns für sie geöffnet haben, sie erkannt und unser Leben danach ausgerichtet haben, bleiben wir ihr auch in stürmischen Zeiten treu, lassen uns nicht entmutigen und wissen ganz tief in uns, dass wir niemals aufgeben werden.

Die Seelenabsicht verschafft uns eine Form des inneren Glücks, die auch erhalten bleibt, wenn wir im Sturm segeln. Ihr zu folgen, gibt unserem Leben einen klaren Fokus und eine klare Richtung und lässt uns auch in schweren Zeiten unbeirrt weitergehen, selbst wenn die Hindernisse unüberwindlich erscheinen. Mit dieser Seelenkraft in Verbindung mit dem Herzensfeuer hast du sicherlich die stärkste Quelle der Kraft, der Liebe und der Hingabe gefunden und damit kannst du auch schier Unmögliches möglich machen.

Vielleicht fragst du dich, wie du dich um deine Lebensvision kümmern sollst, wenn dir gerade das Wasser bis zum Hals steht oder dich die äußeren Umstände so gefangen nehmen, dass du Mühe hast, deinen Alltag geregelt zu bekommen. Sicherlich ist es in manchen Situationen wichtiger, sich erst einmal um das zu kümmern, was gerade getan werden muss. Wenn du zum Beispiel finanziell am Abgrund stehst und morgen deine Kreditrate zahlen musst, aber nicht weißt, woher du das Geld nehmen sollst, dann solltest du dich schleunigst darum kümmern und eine gute Lösung mit der Bank anstreben. Für eine dauerhafte Lösung brauchst du aber eine Vision. Eine Vision von dir in Bezug auf Geld, Wohlstand und Reichtum. Und so eine Vision in Bezug auf ein bestimmtes Thema ist wiederum nur dann dauerhaft, tragfähig, befriedigend und erfüllend, wenn du die dahinterstehende Seelenabsicht kennst und ihrem Ruf folgst.

Aus schamanischer Sicht lassen sich vereinfacht ausgedrückt alle Probleme darauf zurückführen, dass wir dem Ruf unserer Seele nicht folgen und ihr nicht den Raum geben, um sich zu verwirklichen. Wenn wir nicht wissen, wofür wir hier sind, wenn wir also das »Warum« unserer Existenz nicht geklärt haben, werden wir immer wieder auf Probleme im Leben stoßen, die uns schier unüberwindlich erscheinen, die uns unnötig Kraft und Energie kosten und uns manchmal in einer Dauerschleife gefangen halten. Deshalb ist es nicht nur sinnvoll, sondern notwendig, sich mit absoluter Priorität um seine Seelenabsicht zu kümmern und diesem Ruf zu folgen, wenn wir nicht immer wieder in dieselben Fallen tappen wollen und ein erfüllendes, authentisches Leben führen möchten. Das heißt nicht, dass dann alle Probleme von allein verschwinden. Aber wenn wir wissen, warum und wofür wir hier sind, bleiben wir uns selbst und unserer Linie treu und können fokussiert die Herausforderungen des Lebens meistern.

 ### Die Geschichte von dem Berg der Visionen und Antworten im Seelenland

Im Seelenland stand ein Berg, dessen Aufgabe es war, allen, die zu ihm kamen, Visionen zu schenken, Antworten zu geben. Nicht irgendwelche Visionen, sondern die Vision, die die bestmögliche Seelenantwort auf die Frage des jeweiligen Besuchers lieferte. Die Vision, die der Seelenabsicht diente und den Raum eröffnete, sich zu zeigen.

So kamen und gingen die Menschen, stellten Fragen und bekamen Antworten. Kam ein Mensch, der wirklich seine Seelenabsicht, seine Vision für dieses Leben erfahren wollte und mit offenem Herz danach fragte, bekam er die eine Antwort, die den tiefsten Lebenssinn, die Frage nach dem »Warum« des Lebens beantwortete. Der Berg selbst konnte die Fragen nicht beeinflussen. Seine Aufgabe bestand darin, die Visionskraft der Seelen in Bilder, Gefühle, Worte, Sätze und Geschichten zu kleiden und damit den Menschen, die den Platz der Visionssuche auf dem Berg aufsuchten, am Horizont, im Blick in die Weite, die bestmöglichen Antworten aufzuzeigen. Am besten funktionierte das, wenn die Menschen beziehungsweise deren Seelen in Begleitung der jeweiligen Herzenskrieger-Energie auf den Berg gingen, denn dann war ihr Herz offen, und sie waren wirklich bereit, sich aus der Liebe heraus dem Leben zu öffnen.

Eines Tages kam Alfons zum Platz der Visionssuche auf dem Berg. Aber er stellte keine Frage und so blieb der Horizont leer. Was sollte der Berg als Antwort schicken, wenn es keine Frage gab? Der Berg spürte, dass Alfons sehr verzweifelt war, aber ohne Frage konnte er nicht antworten. Zudem hatte Alfons sein Herz verschlossen und es bestand keine Verbindung zur Energie des Herzenskriegers und zur Liebe. Alfons war wütend, verzweifelt und in seiner Arroganz gefangen, so konnte er keine Frage formulieren und schon gar nicht den Berg um eine Antwort bitten. Er war der Meinung, der Berg hätte ihm gefälligst zu dienen. Der Horizont blieb leer, Regen und Sturm zogen auf. Alfons wurde immer wütender, er schrie und tobte, beschimpfte den Berg und verließ ihn und das Seelenland zornig.

Nach ein paar Monaten tauchte Alfons wieder auf dem Berg auf, diesmal in Begleitung seines Herzenskriegers und mit einer konkreten Frage. Er kniete sich nieder und bat den Berg um eine Antwort auf seine Frage, worin seine Seelenabsicht bestand, warum er hier in der Welt war. Mit offenem Herzen lauschte Alfons und blickte auf den Horizont. Der Berg war freudig erregt und zeigte alles, was er an Bildern, Gefühlen, Emotionen, Worten und Sätzen aufbieten konnte. Er schickte Alfons seine Vision, die der Herzenskrieger kommentierte und erläuterte und sofort mit der Herzensenergie verband. Zum Abschluss schickte der Berg wieder Sturm und Regen, um die Ernsthaftigkeit von Alfons zu überprüfen. Dieser stand lächelnd auf und begann mit dem Regen und dem Sturm und mit dem Herzenskrieger zu tanzen. Dann bedankte er sich bei dem Berg und ging mit seinem Herzenskrieger, erfüllt von dem, was er erfahren hatte, zurück in die Welt der Menschen, um dort das, was er erlebt hatte, in die Menschensprache zu übersetzen und seine Vision zu leben.

Was war geschehen? Alfons wusste lange nicht so recht, worin seine Berufung lag, warum er hier auf dieser Welt war. So ging er plan- und ziellos durch sein Leben und tauchte immer wieder in Phasen der Sinnlosigkeit und des Grübelns ab. Er war hart mit sich selbst und mit der Welt, aber sobald er auf Hindernisse traf, lief er davon, statt sich den Herausforderungen zu stellen.

Eines Tages stieß er auf eine Annonce, in der es um eine Visionssuche ging. Alfons nahm all seinen Mut zusammen, meldete sich an und begab sich auf eine zehntägige begleitete Visionssuche, die ihn in die Berge führte. Dort saß er mehrere Tage allein, hielt sich aber nicht an die Regeln. Er fastete nicht, trank Alkohol, spielte mit dem Handy und lenkte sich ab, sodass er keine Vision empfing. Frustriert und wütend brach er die Visionssuche ab und beschimpfte den Leiter als Scharlatan. Zurück in seinem Zuhause wurde er allerdings von einer nie gekannten Schwermut überwältigt, die ihn in eine psychiatrische Klinik führte. In der dortigen Therapie konnte er sich zum ersten Mal öffnen und sich mit seinem Herzen verbinden. Nach einigen Monaten war es dann so weit und Alfons begab sich erneut auf eine Visionssuche. Diesmal war sein Herz offen, er hatte seine Frage klar formuliert und hatte kein Problem mehr, sich an die Regeln zu halten und um eine Antwort zu bitten.

ERKENNTNISSE AUS DER GESCHICHTE

- Wir haben die archetypische Kraft in uns, die uns dazu befähigt, Visionen zu empfangen und unsere Seelenabsicht zu erkennen.
- Dazu bedarf es der Erkenntnis und der tiefen Sehnsucht, dass wir den Lebenssinn erkennen möchten.
- Nur in Verbindung mit der Liebe ergibt es Sinn, seine Vision zu empfangen.
- Sind wir weiter im Ego gefangen, bekommt die Seele nicht den Raum, um sich zu verwirklichen oder sich zu zeigen.
- Wir brauchen die konkrete Frage, damit der Berg der Visionen uns antworten kann.
- Wenn wir es wirklich ernst meinen, tanzen wir auch im Regen und Sturm und bleiben uns selbst und unserer Seelenabsicht treu.

 ## SCHAMANISCHE EMPFEHLUNGEN

Was du tun kannst, um deine Seelenabsicht zu finden oder ihr mehr Raum zu geben:

- Wenn du deine Seelenabsicht noch nicht kennst, kannst du eine Visionssuche machen. Es gibt zum Beispiel die klassische indianische Visionssuche, bei der du mehrere Tage allein in der Natur verbringst. Außerdem gibt es Wochenendseminare, Coachingtechniken und Literatur zum Thema.
- Du kannst dir aber auch zu Hause einen Rahmen schaffen, indem du dir zum Beispiel täglich eine halbe Stunde Zeit nimmst und in dein Herz lauschst oder entsprechende Meditationen machst. Wichtig ist, dass du dabeibleibst, wenn du den tieferen Sinn, deine Seelenabsicht wirklich erfahren und erspüren willst.

26

Wenn deine Hoffnung stirbt und du am Boden liegst, ist es Zeit, das Feuer der Transformation zu entzünden

Wenn du aufgegeben hast, am Boden liegst,
dann ist das deine Chance, um nochmals zubeginnen.
Im Feuer aus der Asche neu geboren,
beginnt dein neues Leben.

Kennst du das auch? Du merkst, dass du dich verrannt hast, dass es einfach nicht funktioniert, du verlierst die Hoffnung und gibst auf. Der Sturm des Lebens hat dich entwurzelt, du konntest nicht mehr standhalten und liegst jetzt am Boden. Wie gehst du damit um? Bleibst du am Boden liegen? Oder stehst du auf, atmest einmal tief durch und gehst weiter deinen Weg?

Wir empfinden Momente des Scheiterns meist als Niederlage. Denn wir haben gelernt, dass wir immer zu den Gewinnern gehören müssen, um in unserer Gesellschaft anerkannt zu werden, um dazuzugehören. Dabei ist diese Überzeugung völlig falsch. Wir gehen hierbei davon aus, dass es immer Verlierer geben muss, und nur einer gewinnen kann. Diese Sichtweise entspringt dem polaren Denken und ist tief in unserem

Gesellschaftssystem der Konkurrenz, des Neides und der Missgunst verankert. Es geht auch anders. Die Frage ist, ob wir bereit sind, aus unseren Fehlern zu lernen und neue, andere Wege auszuprobieren. Wenn wir nicht mehr aufstehen, haben wir schon verloren. Wenn wir aufstehen und wieder genau dieselben Fehler machen, die dazu geführt haben, dass wir am Boden liegen, dann werden wir ziemlich sicher bald wieder dort liegen. Wenn wir aber das Feuer der Transformation in uns entzünden und bereit sind, alles sterben zu lassen, was zu unserer Niederlage geführt hat, um dann wie neugeboren aus den Flammen aufzuerstehen, dann können wir auch anders agieren. Wir können neue Wege ausprobieren, die uns zu unserem Ziel führen.

Die Geschichte von dem Mann, der das heilige Feuer in sich selbst fand

Einst wanderte ein Mann durch die Welt. Er hatte von einem großen, heiligen Feuer gehört, das irgendwo in einem fernen Land brennen und magische Kräfte besitzen sollte. Laut den Erzählungen wurde alles Negative, das man in das Feuer gab, verwandelt und kehrte als positive Energie aus dem Feuer zurück. Da der Mann viel Leid in seinem Leben erfahren hatte und zutiefst unglücklich war, erhoffte er sich von dem Feuer die Heilung, die er bisher nirgendwo gefunden hatte.

Also wanderte der Mann Tag für Tag, Jahr für Jahr und bereiste die ganze Welt. Aber das Feuer konnte er nirgends finden. Immer wieder hörte er Geschichten und Erzählungen von dieser Kraft, aber keiner wusste, wo genau das Feuer sich befand. So vergingen die Jahre, und die Hoffnung des Mannes, das Feuer doch noch zu finden, erstarb immer mehr. Schließlich beschloss er, seine Suche aufzugeben und sich damit abzufinden, dass er sein restliches Leben unglücklich sein würde.

Er kehrte nach Hause zurück, aber die Hütte, in der er gelebt hatte, war inzwischen abgebrannt. Völlig verzweifelt und ohne jegliche Hoffnung machte er sich im Wald auf die Suche nach einem Platz zum Schlafen. In der Dunkelheit sah er einen Feuerschein und er ging hin, um zu fragen, ob er dort übernachten durfte. Am Feuer traf er auf eine alte Frau, die ihm erlaubte, die Nacht am Feuer zu verbringen. Tief in der Nacht wurde der Mann von monotonen Trommelklängen geweckt. Die Frau saß am Feuer mit einer Trommel in der Hand. Der Klang der Trommel führte den Mann in einen tranceartigen Zustand und plötzlich öffnete sich in ihm ein Tor. Er betrat eine urwüchsige, unbekannte und doch vertraute Landschaft und dort sah er vor sich ein großes, warmes Feuer, das mit lila Flammen brannte. Er ging zu dem Feuer und wusste, dass er am Ziel angelangt war. Er hatte das Feuer, das er vergeblich in der Welt gesucht hatte, in sich gefunden.

Der Mann begab sich direkt in die lila Flammen mit der Bitte, dass sich seine Traurigkeit, Hoffnungslosigkeit und das Gefühl des Unglücklichseins hier in den Flammen transformieren mögen. So verweilte er in den Flammen, löste sich auf, wurde zu Asche und setzte sich wieder neu zusammen, so lange, bis nichts mehr von seinen negativen Gefühlen übrig war, bis er plötzlich eine nie gekannte Zufriedenheit, ja sogar Glückseligkeit in sich entdeckte. Er bedankte sich bei dem Feuer und kehrte zurück an das reale Feuer im Wald, an dem die alte Frau gerade aufhörte zu trommeln. Bevor er sich bei ihr bedanken konnte, löste sie sich auf und war verschwunden. Der Mann aber kehrte zu seiner niedergebrannten Hütte zurück, baute diese wieder auf und begann selbst zu trommeln und das Land der Seele, das er durch die alten Frau kennenlernen durfte, zu bereisen. Seit diesem Erlebnis, nachdem er die alten Muster und Gefühle in seinem inneren Feuer der Transformation erlöst hatte, fühlte er sich wie neugeboren.

ERKENNTNISSE AUS DER GESCHICHTE

- Das Feuer der Transformation in uns existiert in unserer Seele.
- Wir alle tragen die Kraft in uns, alles zu transformieren, was uns und unsere Seelenabsicht behindert.
- Wenn wir aufgeben, kann das das Tor zu einem neuen Leben öffnen.
- Aufgeben im Sinne von Loslassen ist der Schlüssel, um in Kontakt mit unserer Seele zu kommen.
- Solange wir im Außen suchen, kann sich das, was in uns ist, nicht wirklich zeigen.
- Solange wir uns von unseren negativen Gefühlen leiten lassen und die Lösung im Außen suchen, finden wir keine Lösung.

 ## SCHAMANISCHE EMPFEHLUNGEN

Was du tun kannst, um das Feuer der Transformation in dir zu finden:

- Höre auf, die erlösende Transformation im Außen zu suchen.
- Mache dich auf den Weg in das Land der Seele, denn auch dein Verstand kann dich nicht transformieren. Dazu kannst du deine Vorstellungskraft nutzen oder gezielt die Technik des schamanischen Reisens erlernen.
- Mache ein Ritual: Schreibe alles auf, was du transformieren willst, und übergib den Zettel den Flammen einer Kerze, eines Ofens oder Feuers mit der Bitte um Transformation (Brandgefahr beachten!). Über das Ritual verbindest du dein inneres Feuer der Transformation mit deinem realen Leben.

27

Deine Dankbarkeit heute
schenkt dir morgen Fülle

Dankbarkeit – der Schlüssel zum erfüllten Leben.
Nichts im Leben ist belanglos,
das Leben selbst ist das Geschenk.
Wenn deine Dankbarkeit dein Herz berührt,
und sich mit deiner Liebe trifft,
dann öffnet sich dein Tor zur Fülle.

Gerade in stürmischen Zeiten ist es hilfreich, sich immer wieder auf die Dinge zu fokussieren, die wir in unserem konsumorientierten Leben oft als selbstverständlich ansehen:

- die wiederkehrende Sonne am Morgen,
- die Lebenskraft und Energie, die uns durchströmt,
- die Nahrung, die uns so einfach zur Verfügung steht,
- das Wasser, das aus unseren Hähnen fließt,
- das Geld, das uns zur Verfügung steht,
- ...

Meist ist uns nicht bewusst, dass vieles davon nicht selbstverständlich ist. Selbst den immer wiederkehrenden Sonnaufgang gibt es in einem Großteil des Universums nicht.

Wenn der Sturm über uns hinwegtobt, in uns wütet oder uns strauchen lässt, vergessen wir nur allzu oft, dass es trotzdem immer irgendetwas gibt, wofür wir dankbar sein können. Lenken wir unsere Aufmerksamkeit auf diese Dinge, seien sie auch noch so klein, und bedanken uns dafür, so schaffen wir damit ein Resonanzfeld der Dankbarkeit. Unsere Aufmerksamkeit, unser Fokus richtet sich auf die positiven Dinge in unserem Leben und nach dem Resonanzprinzip folgt das Leben unserer Aufmerksamkeit. Das heißt nicht, dass wir unsere Probleme verdrängen sollen, das bringt uns nicht weiter. Aber nach jedem Sturm, nach jeder Herausforderung gibt es eine ruhigere Zeit.

Den Grundstein für eine Zukunft in Fülle schaffen wir, wenn wir jetzt und heute damit beginnen Danke zu sagen für die wundervollen Menschen in unserem Leben, für die kleinen und großen Dinge, die wir besitzen, für die positiven Erfahrungen, die wir machen durften. Und wenn du dazu schon bereit bist, auch für die schmerzhaften Lektionen des Lebens, die uns etwas gelehrt haben, die uns weitergebracht haben und uns zu dem wundervollen Menschen gemacht haben, der wir heute sind.

Die Geschichte von Helga, die gesund wurde, als sie lernte, zu geben

Helga kam zu mir in die Praxis, weil sie an verschiedensten Allergien litt und immer mehr den Bezug zu sich und zum Leben verloren hatte, wie sie sich selbst ausdrückte. Nach vielen gescheiterten Therapieversuchen wollte sie nun den schamanischen Ansatz probieren.

Sie war in großem materiellem Reichtum aufgewachsen und hatte immer alles bekommen, was sie sich gewünscht hatte. Ohne jemals selbst etwas für diesen Reichtum tun zu müssen, blickte sie schon in ihrer Jugend voller Verachtung auf »die Armen, die ja selbst schuld daran sind, dass sie nichts haben in diesem Land der unendlichen Möglichkeiten«. Vor einigen Jahren erkrankte sie innerhalb kurzer Zeit an immer mehr Allergien, die sie in ihrem Leben massiv einschränkten. Die Ärzte konnten ihr nicht helfen und trotz bester medizinischer Rundumversorgung wurden die Allergien immer schlimmer bis hin zu lebensbedrohlichen Asthmaanfällen.

Wie sich in ihren schamanischen Reisen und im Kontakt zu ihrer Seele schnell zeigte, hatte Helga nie in ihrem Leben gelernt, für etwas dankbar zu sein. Für sie war es selbstverständlich, dass sie sich vom Leben einfach nahm, was sie gerade zu brauchen glaubte. Ein Teil in ihr – ihr verletztes Ego – hatte schon lange die Kontrolle übernommen, und so ging sie rücksichtslos mit einer egoistischen Anspruchshaltung durchs Leben, ohne Mitgefühl, ohne Verständnis für die Bedürfnisse anderer, ohne Liebe, ohne echte Moral. Da sie damit völlig konträr zu den Wünschen und Absichten ihrer Seele handelte und nur nehmen, aber nicht geben wollte, verfestigte sich dieses Muster immer mehr in der Symptomatik des Asthmas – Asthmatiker haben das Problem, dass sie genug Luft einatmen, diese aber nicht mehr richtig ausatmen können.

Helga erkannte bald die Zusammenhänge in ihrem Energiesystem und begann sich mit der Polarität des Nehmens und Gebens auseinanderzusetzen. Ihre Asthmasymptome verbesserten sich langsam, je mehr sie bereit wurde, auch zu geben – materiell, emotional, mitfühlend, von ganzem Herzen. Helga tauchte immer tiefer ein in die Zusammenhänge der Polarität und des Prinzips der Dankbarkeit und erlangte eine bisher nie gekannte Lebensqualität. Ihre Gesundheit verbesserte sich deutlich und je dankbarer sie für alles war, was sie bisher im Leben als so selbstverständlich angesehen hatte, desto besser ging es ihr und desto freier fühlte sie sich.

ERKENNTNISSE AUS DER GESCHICHTE

- Ein einfaches »Danke« reicht oft aus, um uns diese großen Geschenke unseres Seins bewusst zu machen:
  - Danke, dass ich am Leben bin.
  - Danke, dass mich Vater Sonne wärmt und mein Leben hier ermöglicht.
  - Danke, dass mir Mutter Erde Halt und Stabilität schenkt und mich nährt.
  - Danke für diesen gigantischen Luxus, der mich umgibt.
  - Danke für das saubere Wasser, das meinen Durst stillt.
- Dankbarkeit und Demut tragen die Kraft der Heilung in sich.
- Arroganz und Überheblichkeit hindern uns daran, die Fülle unseres Lebens wirklich zu erkennen.
- Ohne Dankbarkeit verlieren wir schnell den Bezug zu den essenziellen Dingen des Lebens.
- Nichts ist banal oder selbstverständlich. Alle ist ein Wunder der Schöpfung.
- Dankbarkeit schenkt tiefe Zufriedenheit.

 ## SCHAMANISCHE EMPFEHLUNGEN

Was du selbst tun kannst, um Dankbarkeit in dein Leben zu lassen:

- Probiere ein paar Tage lang aus, dich für alles in deinem Leben zu bedanken. So lenkst du sanft deine Aufmerksamkeit auf die Fülle des Lebens und lässt dich weniger von den Widrigkeiten in stürmischen Zeiten beeinträchtigen.
- Schreibe zum Beispiel jeden Abend mindestens fünf Dinge oder Ereignisse auf, für die du an diesem Tag dankbar bist.
- Auch wenn du krank bist oder gerade am Boden liegst – übe dich in Dankbarkeit. Nichts ist selbstverständlich im Leben, auch wenn wir das oft so empfinden.

28

Dein Atem trägt die Absicht deiner Seele in die Welt

**Der Atem verbindet
Innen und Außen,
erhält uns am Leben.
Beständiges Ein und Aus,
Urrhythmus des Lebens.**

Herausfordernde Zeiten und Lebensstürme beeinflussen immer auch unsere Atmung, wenn wir nicht in uns ruhen und gelassen bleiben. So wird die Atmung flacher oder schneller, manchmal auch tiefer. Bleibt eine Stresssituation über einen längeren Zeitraum bestehen, befinden wir uns in einem Zustand der Dauerangst oder unterdrücken wir ständig unsere Gefühle, so kann das zu chronischen Veränderungen unserer Atmung führen. Wir nehmen uns nicht mehr die Atemluft, die wir eigentlich bräuchten, unsere Sauerstoffversorgung nimmt ab und damit auch die Energieproduktion in den Zellen.

Unsere Atmung wird – vereinfacht ausgedrückt – normalerweise vom unbewussten Nervensystem gesteuert und automatisch an den jeweiligen Sauerstoffbedarf unserer Zellen angepasst. Aber wir können auch ganz bewusst in den natürlichen Rhythmus unseres Atems eingreifen. Wir können tiefe oder flache Atemzüge nehmen, hechelnd atmen, die Luft anhalten, stoßweise atmen usw. Was uns dabei nur selten bewusst ist – unsere Atmung ist der grundlegende, offensichtliche Mechanismus, der unser Innen mit der Welt um uns herum verbindet und umgekehrt. Die Luft, die wir einatmen, hat vielleicht kurz davor jemand anders ausgeatmet, der Sauerstoff wurde vielleicht gerade erst von einem Baum produziert und eine andere Pflanze nimmt im nächsten Moment das von uns ausgeatmete Kohlendioxid auf. Damit sind über die äußere und innere Atmung unsere Zellen und die Kraftwerke in unseren Zellen – die Mitochondrien – permanent im Austausch mit der Welt.

Noch weniger bewusst ist uns, dass wir über unsere Atmung auch Emotionen, Gefühlslagen, unsere momentane Stimmung, Freude, Angst, Euphorie, Zorn usw. in die Welt bringen und entsprechende Energien von außen aufnehmen.

Setzen wir unsere Atmung bewusst und gezielt ein, so können wir uns damit auf allen Ebenen unseres Seins mit den dort gerade vorherrschenden Energiezuständen verbinden. Mit bewussten Atemritualen sind wir in der Lage, uns mit allen unterstützenden, heilenden und liebenden Energien um uns herum zu verbinden, diese in uns aufzunehmen und zu unserem Wohl und zum Wohl der ganzen Welt zu transformieren. Genauso können wir bewusst alle positiven Absichten in uns und natürlich auch unsere Seelenabsicht mit der Atmung verbinden und diese so in die Welt bringen.

Wenn wir diese Mechanismen verstehen, können wir die Atmung gerade auch in herausfordernden Zeiten bewusst nutzen, um negative, blockierende Energien abzugeben und uns mit unterstützenden Kräften zu verbinden.

Die Geschichte von dem Mann, der mehr Macht erlangen wollte und bedingungslose Liebe fand

In einem Tempel lebte eine Gemeinschaft von Mönchen und Nonnen in Frieden und im Einklang mit sich selbst, mit der Natur, mit der Schöpfung und mit dem gesamten Universum. Sie meditierten täglich und kannten unterschiedlichste Atemtechniken, um den Geist zu beruhigen, um sich mit Liebe und Mitgefühl zu verbinden und diese Energien in die Welt zu geben. Viele Menschen, die Probleme hatten, kamen in den Tempel in der Hoffnung, dort wieder Frieden zu finden.

Eines Tages hörte ein jähzorniger, in seiner Arroganz und Wut gefangener Mann von dem Tempel. Er hasste alles und jeden und war begierig nach Macht. Sein Sinn stand ihm nur danach, andere Menschen zu unterdrücken. Nun kam er auf die Idee, in den Tempel zu gehen und dort die Atemtechniken zu erlernen, nicht um Frieden zu finden, sondern um noch mehr Macht zu erlangen. Wenn er seine Atmung so kontrollieren könnte, dass er damit die Luft beherrschte, wäre er in der Lage, noch viel mehr Menschen zu manipulieren, davon war er überzeugt. Er wollte seine Energie der Macht und Manipulation über seinen Atemstrom zu anderen Menschen schicken, um sie so gefügig zu machen.

Im Tempel wurde er genauso aufgenommen wie alle anderen auch und er begann die Atemtechniken zu erlernen. Aber anstatt seine Macht zu mehren, wie er es vorgehabt hatte, geriet er immer mehr in einen Strudel sich widersprechender, nie gekannter Gefühle. Er erlebte ein Wechselbad, das ihn schier um seinen Verstand brachte. Sosehr er sich auch bemühte, er konnte seine bisherigen negativen und destruktiven Absichten nicht aufrechterhalten und nach einigen Tagen erlitt er einen Nervenzusammenbruch. »Was mache ich falsch?«, wollte er vom Tempelvorsteher wissen. »Nichts«, antwortet dieser. »Du hast dich hierher in den Tempel begeben und dich damit der größtmöglichen Energie von Liebe und Mitgefühl ausgesetzt, die wir hier über unsere Atmung in die Welt geben, um so die Welt mit dieser Energie zu fluten. Das ist seit Urzeiten unsere Aufgabe und damit schaffen wir den Gegenpol zu allen negativen, niederträchtigen Absichten. Je mehr Niedertracht und Missgunst du in dir trägst, desto stärker wirst du hier mit dem Gegenpol konfrontiert und damit wird dein bisheriges Leben infrage gestellt.«

Der Mann wollte den Tempel sofort verlassen, aber eine leise Stimme in ihm, die hier erwacht war, hielt ihn fest und so blieb er. Im Laufe der Wochen öffnete sich der einst so böse Mann und erkannte, dass er aufgrund vieler traumatischer Erlebnisse als Kind die Liebe verloren, sein Herz verschlossen und seinem verletzten Ego komplett die Kontrolle überlassen hatte. Nun konnte alles in ihm heilen. Er öffnete sich und sein Herz dem Leben, der Liebe und dem Mitgefühl. Der Mann beschloss, sein bisheriges Leben aufzugeben, blieb im Tempel und lernte immer weiter. In der Meditation erfuhr er die Stille, die Ruhe und den Frieden in sich. Er entdeckte die Kammer der Selbstliebe, konnte sein Herz mehr und mehr für die Liebe zur gesamten Schöpfung öffnen und tauchte ein in die bedingungslose, universelle Liebe. Über seine Atmung gab er alles in die Welt und schuf so ein Resonanzfeld, das sich immer mehr in pure, reine Liebe verwandelte.

 ERKENNTNISSE AUS DER GESCHICHTE

- Die Atmung ist viel mehr als nur der Austausch von Sauerstoff und Kohlendioxid in unseren Zellen.
- Der feinstoffliche Aspekt der Atmung transportiert unsere Gedanken, Gefühle und Emotionen in die Welt und holt entsprechende Energien aus der Welt zu uns.
- Die Atmung geht also in Resonanz mit der Welt um uns herum und wir tauschen damit feinstoffliche Energien aus.

- Wir können lernen, unsere Atmung ganz bewusst für unsere eigene Heilung und für die Heilung der Welt um uns herum einzusetzen.
- Je stärker das Energiefeld ist, in dem wir uns bewegen, desto mehr davon nehmen wir über unsere Atmung auf. Wenn wir uns also in einem negativen, destruktiven Umfeld befinden, ist es umso wichtiger, dass wir bei uns bleiben, uns schützen und als Gegenpol positive, schützende, liebende Energien über unsere Atmung in die Welt geben.

 ## SCHAMANISCHE EMPFEHLUNGEN

Was du tun kannst, um deine Atmung optimal für dich und dein Leben zu nutzen:

- Lenke deine Aufmerksamkeit immer wieder zu deiner Atmung und nimm deinen eigenen Atemrhythmus bewusst wahr.
- Achte genau darauf, ob du tief oder flach atmest. Frage dich, ob du über deine Atmung in einem guten, tiefen und förderlichen Austausch mit der Welt bist, oder ob du dich durch eine flache Atmung abschottest oder dich nicht traust, dich ganz auf die Welt einzulassen.
- Beziehe die Atmung in deine Meditationspraxis mit ein. Im Yoga gibt es hervorragende Atemübungen, um sich den eigenen Atemraum bewusst zu machen und um die Atmung gezielt in der Meditation einzusetzen.
- Übe spielerisch, negative Gefühle und Emotionen mit deiner Atmung zu verbinden und diese abzuatmen – immer mit der Bitte, sie mögen sich zum Wohle aller Wesen transformieren. Stelle dir vor, dass sie von der überall vorhandenen Transformationskraft aufgenommen und in positive Energien transformiert werden, die du dann wieder einatmen kannst.

- Stelle dir vor, wie du beim Einatmen nicht nur Sauerstoff, sondern auch unterstützende, hilfreiche spirituelle Energien in dich aufnimmst, die dir und deinem Leben helfen und dich unterstützen.
- Verbinde dich mit der Liebe und dem Mitgefühl für alle Wesen in dir und atme diese Energien bewusst in die Welt.
- Nutze gerade auch in herausfordernden Zeiten die Kraft der Atmung, um wieder bei dir anzukommen und um zur Ruhe zu kommen.

29

Der Tanz mit deinen Elementen öffnet dir den Weg in deine Mitte

**Feuer, Erde, Wasser, Luft –
alles wird daraus geformt,
bestimmt dein Handeln in der Welt,
dein Fühlen und dein Denken
und die Kraft in deinem Tun.**

In vielen spirituellen Richtungen ist die Rede von bestimmten Urkräften, aus denen sich das Leben immer wieder neu formt. In der westlichen spirituellen Tradition stoßen wir auf die Lehre von den vier Elementen Feuer, Erde, Wasser und Luft, aus denen sich das Leben formt und aus denen sich als fünftes Element die Essenz ergibt.

Das Wissen um die vier Elemente vermittelt ein umfassendes Verständnis für das Zusammenspiel der Energien in allen Lebewesen. Letztlich setzen sich alle uns bekannten Erscheinungen und Phänomene auf der energetischen Ebene aus diesem Zusammenwirken der Elemente zusammen. Erst das Zusammentreffen von allen vier Elementen in uns schenkt uns die ganze Bandbreite der menschlichen Möglichkeiten.

Das Element Feuer ist die Kraft, die uns die nötige Energie gibt, um durch das Leben zu gehen. Dieses Element ist die grundlegende Energie, die uns befähigt, zu handeln und unsere Träume und Absichten zu verwirklichen.

Das Element Erde ist das dichteste Element. Der Lebensweg führt nach vorn und vor uns verwirklicht sich unser Leben in der Materie. Dieses Element formt die Materie und verbindet uns mit der physischen Existenz.

Das Element Wasser begleitet uns mit der Fähigkeit, zu fühlen und zu empfinden. Durch die Verbindung zu unseren Gefühlen gibt es all unserem Tun und Denken eine persönliche Färbung.

Das Element Luft begleitet uns mit der Fähigkeit zu denken, zu analysieren, zu planen und zu reflektieren, also mit der Fähigkeit zur Logik.

Nun ist jeder Mensch einzigartig und individuell und genauso ist das mit den Elementen. Wir haben meist Lieblingselemente, die wir vorwiegend nutzen, und andere Elemente, mit denen wir nicht viel anfangen können. Aber um in seine Mitte zu kommen und vor allem auch, um dort stabil, frei und glücklich zu sein, ist es notwendig, die Energie von allen vier Elementen zu erkunden, sich damit zu verbinden und sie dann seinem ureigenen Wesen gemäß in sein Leben zu integrieren und sich darüber auszudrücken.

Besonders in herausfordernden Zeiten neigen wir dazu, nicht aus unserer Mitte heraus zu agieren. Stattdessen greifen wir auf unsere Lieblingselemente zurück und versuchen, mit deren Kraft unsere Probleme zu lösen und die Situation zu begreifen. Ist zum Beispiel Wasser unser Lieblingselement, kann es passieren, dass wir zu sehr in negative Gefühle abtauchen, anstatt zu planen und zu handeln. Leider verfestigen wir damit meist die Ursachen, die zu unseren Problemen geführt haben oder die uns eine Situation negativ bewerten lassen.

Die Geschichte von Mira, die nur in der Energie des Wasserelements lebte

Mira kam zu mir in die Praxis, weil sie sich in einer schweren Lebenskrise befand. Diese war entstanden, weil es beruflich nicht gut lief – ihr drohte die Kündigung – und weil sie überhaupt »immer neben sich stand«, wie sie sich ausdrückte. Egal, was sie im Leben machte, sie hatte nie das Gefühl, bei sich selbst zu sein. Zudem war sie sehr emotional, wie sie sagte. Ihre Gefühle übermannten sie immer wieder und sie konnte diese nicht kontrollieren. Egal, um was es in ihrem Leben ging, sie erlebte alles in einem Überschwang der Gefühle, sowohl im positiven wie auch im negativen Sinn. Sie war zudem sehr chaotisch, konnte nicht gut planen, reagierte zum Befremden anderer Menschen oft unangemessen, da sie ihre Gefühle nicht kontrollieren konnte, und hatte aus ihrer Sicht viel zu wenig Energie, um einen Tag gut zu überstehen. Besonders erfolgreich war sie in ihrem Leben bisher auch nicht gewesen.

In einer schamanischen Reise kamen wir zu den Energien der vier Elemente. Dabei zeigte sich deutlich, dass ihr nur die Energie des Elementes Wasser frei zur Verfügung stand und die anderen Elemente – Feuer, Erde und Luft – mehr oder weniger stark blockiert waren. Aufgrund der daraus entstandenen inneren Spannungen konnte sie den Weg in ihre Mitte nicht finden und verweilte deshalb in allen Lebenslagen im Element Wasser. Dadurch manifestierte sich dessen Energie noch stärker und wurde als Handlungsmuster abgespeichert. Die Krise am Arbeitsplatz hatte nun das

System der Elemente endgültig zum Kippen gebracht und deshalb fühlte sie sich, als würde sie gleich durchdrehen. In der schamanischen Reise konnten wir die Ursachen für das Ungleichgewicht klären und Schritt für Schritt die blockierten Elemente befreien, wodurch es für Mira zum ersten Mal möglich wurde, den Platz in ihrer Mitte einzunehmen. Sie lernte den spielerischen Tanz der Elemente und wurde so mehr und mehr zur Dirigentin, zur Meisterin der Elementekräfte.

 ## ERKENNTNISSE AUS DER GESCHICHTE

- Befinden sich ein Element oder mehrere Elemente in der Über- oder Unterenergie, führt das zu einem inneren Ungleichgewicht und erzeugt Spannungen, sodass wir nicht aus unserer Mitte heraus agieren können.
- Dauerhafte, tragfähige Lösungen finden wir nur, wenn wir aus unserer Mitte heraus unsere Probleme betrachten und dann in Verbindung mit unserer Seelenweisheit auf eine sinnvoll abgestimmte Kombination der verschiedenen Energien der Elemente zurückgreifen.
- Das klappt aber nur, wenn wir zuvor die vier Elemente und ihre jeweiligen besonderen Kräfte von allen blockierenden Energien befreit haben, den Platz in unserer Mitte gefunden haben und dann von dort aus die Elementekräfte optimal einsetzen können, so wie ein Dirigent sein Orchester dirigiert.

 ## SCHAMANISCHE EMPFEHLUNGEN

Was du tun kannst, um die Elementekräfte zu befreien und in deine Mitte zu kommen:
- Wichtig ist, sich nicht verbissen und stur um die Energien der jeweiligen Elemente zu kümmern.

- Du kannst sie im Gegenteil spielerisch und mit Freude erkunden, einfach verschiedene Möglichkeiten ausprobieren, Neues wagen und damit den gesamten Energiefluss immer mehr optimieren.
- Am besten geschieht das im Tanz mit den Elementen. Stelle dir dazu vor, dass du vier Tanzpartner hast, jedes Element mit seiner ganz besonderen Energie. Stelle dir weiter vor, dass ihr gemeinsam einen Gruppentanz beginnt, in dem jeder im Wechsel mit jedem tanzt, bis sich ein harmonisches, spielerisches, ekstatisches Miteinander ergibt, das dich dann ganz automatisch in deine Mitte trägt.
- Das ist das Geheimnis der Elemente. Der Tanz löst alle Bindungen, die dich zwanghaft in einem Element oder an mehreren Elementen festhalten und so jeglichen Ausgleich verhindern und den Weg in deine Mitte blockieren.

30

Liebe oder Angst – du darfst dich frei entscheiden

Wo Liebe ist, ist kein Platz für Angst.
Wo Angst ist, ist kein Platz für Liebe.
Wofür willst du dich entscheiden?
Nur du selbst
darfst die Entscheidung in dir treffen.

Ist dir bewusst, dass wir nicht Opfer der äußeren Umstände sind, auch wenn wir das oft glauben? Besonders in stürmischen Zeiten fühlen wir uns hilflos, ohnmächtig, ausgeliefert und voller Angst. Wir geben damit unsere eigene Macht an die Umstände ab, anstatt bei uns zu bleiben und uns aus unserer Schöpferkraft heraus frei zu entscheiden, wie wir uns gerade fühlen möchten.

Das mag sich zunächst unglaubwürdig anhören und vielleicht rebelliert etwas in dir gegen diesen Gedanken. Aber gerade darin liegt eines der größten Geheimnisse unserer Schöpferkraft: Nicht die äußeren Umstände sind es, die uns zu bestimmten Gefühlen, Gedanken und Handlungen zwingen – wir selbst sind es, die frei entscheiden können, wie wir auf die äußeren Umstände reagieren. Wenn wir das verstanden haben, sind wir frei und können unsere Fähigkeit, uns zu entscheiden, sinnvoll und konstruktiv nutzen. Wir können uns in jeder Situation erneut die Frage stellen, wie wir auf die Herausforderungen des Lebens antworten möchten.

Auf der Palette der möglichen Antworten in uns gibt es dabei zwei große Widersacher: die vermeintlich so unterschiedlichen Gefühle der Liebe und der Angst. Dort, wo Angst ist, ist kein Platz für die Liebe. Aber auch umgekehrt gilt, dass die Liebe der Angst keinen Platz einräumt. Wenn wir also verstanden haben, dass die Entscheidungsfreiheit bei uns liegt, dann können wir uns auf die Reise in unsere bewussten, unterbewussten und noch tiefer liegenden Seelenschichten machen, unsere tiefsitzenden Ängste aufspüren, Frieden schließen und sie in Liebe transformieren.

Die Geschichte von der Angst, die transformiert wird, um der Liebe genügend Raum zu geben

Zwei ungleiche Wesen, die unterschiedlicher nicht hätten sein können – die Liebe und die Angst – lebten im Seelenwald. Die Angst mied jede Begegnung mit anderen Wesen und versteckte sich vor dem Leben, wo es nur ging. Die Liebe dagegen war offen dem Leben gegenüber, sie liebte das Leben, den Wald, die Tiere, die Menschen und überhaupt alles, was ihr begegnete. Die beiden teilten sich dieselbe Hütte, aber da sie sich nicht zu nahe kommen durften, konnte immer nur einer von ihnen die Hütte benutzen. Wer das war, erschien als Botschaft wie durch Zauberhand auf einer Tafel auf der Tür. Meist war es die Angst, die in der Hütte bleiben durfte. Wenn doch einmal die Liebe an der Reihe war, verstärkte die Angst ihre Angst noch mehr und kauerte sich hinter einen Felsen, um ja nicht gesehen zu werden.

Eines Tages hielt es die Liebe vor Mitleid mit der Angst, die sie genauso liebte wie alles andere, nicht mehr aus und machte sich deshalb auf die Suche nach jemandem, der der Angst helfen konnte. Auf ihrer Wanderung durch den Seelenwald traf sie auf die unterschiedlichsten Wesen, aber keines wusste, was zu tun war, um der Angst zu helfen.

Nach einigen Tagen der Wanderung führte der Weg aus dem Wald in eine weite Landschaft und die Liebe sah in der Ferne ein Feuer brennen. Freudig und voller Liebe ging sie dorthin und dort traf sie auf ein seltsames Wesen, das sich Seele nannte. Die Seele wusste auch nicht, was zu tun war, aber sie hatte die Macht, andere Helfer an das Feuer zu rufen, und so erschien ein Wesen, das sich selbst als innere Weisheit vorstellte. Nachdem es sich das Anliegen der Liebe angehört hatte, überlegte es kurz und beauftragte dann die Seele, mit der Liebe zur Angst zu gehen und einen Teil des Feuers dorthin mitzunehmen. Also machte sich die Liebe gemeinsam mit der Seele und dem Feuer auf den Weg.

Als die Angst das Feuer sah, hatte sie noch mehr Angst. Aber zur Seele hatte sie Vertrauen und diese konnte sie überzeugen, dass sie in Kontakt mit dem Feuer heilen konnte. Die Angst ließ sich schließlich darauf ein und ging mit der Seele in das Feuer. Dort schmolz ein beträchtlicher Teil der Angst und verwandelte sich in Licht, das sich mit der Seele verband. Nachdem die Angst so viel von ihrer Angst im Feuer verloren hatte und nur noch ein kleiner, zum Überleben in Gefahrensituationen notwendiger Teil übrig geblieben war, konnte sie sich entspannen.

Nun konnten die Angst und die Liebe gleichzeitig in der Hütte bleiben. Die Angst war zur Ruhe gekommen und konnte fortan ihr Leben genießen, da sie wusste, dass sie bei Bedarf stark genug war, um ihre Aufgabe zu erfüllen. Die Liebe aber hatte nun viel mehr Raum und konnte noch mehr an Kraft und Energie gewinnen. So hatten beide ihren Platz gefunden und konnten optimal zum Wohle aller beteiligten Wesen ihre Kraft entfalten, so wie es seit Anbeginn der Zeit bestimmt war. Die Seele aber, die sich mit dem im Feuer freigesetzten Licht verbunden hatte, strahlte fortan in wunderschönen, nie gekannten Farben und hatte mehr Kraft und Energie als je zuvor.

 ## ERKENNTNISSE AUS DER GESCHICHTE

- Der Ursprung der Angst ist die Sicherung des eigenen Überlebens.
- Angst hat also in ihrem Kern eine positive, schützende Funktion.
- Ein großer Teil unserer Ängste hat aber keinen offensichtlichen Nutzen, sondern behindert das Leben und die Liebe.
- Dort, wo sich diese pathologische Angst festsetzt, kann nicht gleichzeitig Liebe sein.
- Wenn wir uns mit unserer Seele verbinden und den Mut aufbringen, unsere pathologischen Ängste zu transformieren, öffnet sich der Raum für die Liebe.
- Die Überwindung unserer Ängste trägt zum Leuchten unserer Seele bei.

 ## SCHAMANISCHE EMPFEHLUNGEN

Was du tun kannst, um deine Ängste zu transformieren und der Liebe mehr Raum zu geben:

- Mache dir immer wieder bewusst, dass die Angst in ihrem Kern und Ursprung nicht böse ist und dir nicht schaden will, sondern dein Überleben sichern möchte.
- Mache dich auch mit dem Gedanken vertraut, dass es die Liebe ist, die zu wenig Raum bekommt, je mehr Raum du deinen Ängsten überlässt.

- Gehe in dich und schau genau hin, welche Ängste dich plagen, wovor du Angst hast. Erforsche, wann diese Ängste entstanden sind.
- Wenn du merkst, dass Ängste in deinem Bewusstsein auf-tauchen, dann halte sofort inne. Verbinde dich innerlich über deine Atmung mit der Erde, stelle dir vor, dass dir Wurzeln wachsen und atme dann die Ängste über die Wurzeln in die Erde aus. Bitte innerlich darum, dass sie dort transformiert werden, und stelle dir vor, dass du beim Einatmen die Urliebe von Mutter Erde in dich aufnimmst, dass diese den Raum in dir füllt und so an die Stelle der Ängste tritt.

31

Du bist der Schöpfer deiner Realität

Unbegrenzt und frei wohnt die Schöpferkraft in dir,
erschafft genau das Leben,
so wie du denkst und fühlst.
Wie ein Spiegel für dich selbst
siehst du, was sich in dir regt, bewusst, unbewusst.
Dein Schöpfer dient nur dir und deiner Seele.

Wenn es stimmt, dass wir ein Ebenbild beziehungsweise Abbild Gottes sind und damit die Schöpferkraft in uns tragen, dann ergibt sich aus dieser Tatsache ganz automatisch die Konsequenz, dass die Realität, in der wir uns momentan befinden, unsere eigene Schöpfung ist. Wenn wir uns eine Realität erschaffen haben, in der wir glücklich, liebevoll und aktiv unser Leben gestalten und rundum zufrieden sind, dann machen wir uns wahrscheinlich keine großen Gedanken über die Schöpferkraft. Finden wir uns aber in einer Realität wieder, in der wir leiden, krank, allein oder unzufrieden sind oder in der wir den Sturm in uns nicht mehr ertragen, dann stellt sich die Frage, wie es möglich ist, die Schöpferkraft in uns bewusst zu aktivieren. Wir fragen uns, wie wir uns damit verbinden und so unseren eigenen Schöpfungsprozess kreieren, aktivieren und optimieren können, um unsere Realität entsprechend unseren Wünschen und Vorstellungen zu gestalten. Dabei gibt es drei grundlegende Fehler, die wir immer wieder machen:

- Wir fühlen uns schuldig, anstatt in unsere Verantwortung zu gehen. Schuld macht klein und ohnmächtig, Verantwortung öffnet das Tor, um anders zu handeln, sich selbst und sein Tun zu überdenken.
- Wir schätzen den Rahmen falsch ein, in dem unsere Schöpferkraft wirkt. Es ist sinnlos, sich selbst für Kriege, Auseinandersetzungen zwischen Völkern, den Hunger auf der Welt usw. verantwortlich zu machen.
- Wir übernehmen nur die Verantwortung für das, was uns gut gelungen ist und worauf wir stolz sind. Für alles, was nicht gut läuft, was schiefgegangen ist, worunter wir leiden, weisen wir jegliche Verantwortung weit von uns.

Unsere Schöpferkraft wirkt zunächst in unserem unmittelbaren und direkten Umfeld, ob uns das bewusst ist oder nicht. Es geht darum, dies zu erkennen und dann zu lernen, diese Kraft in uns konstruktiv, bewusst und in Verbindung mit unserer Seelenabsicht und der Liebe in unserem Herzen zum Wohle aller Wesen einzusetzen. Wenn unser Ego die Schöpferkraft dominiert, dann entsteht auch im Außen, in unserem Umfeld umso mehr Ego-Energie, die wiederum zu negativen Ergebnissen, Konflikten, Neid und Missgunst führt.

Dies ist die Verantwortung, die wir alle haben: Wir tragen die Freiheit der Entscheidungen in uns als eines der größten Geschenke des Universums an uns Menschen hier auf dieser Erde. Daher liegt es einzig und allein in unserer Verantwortung, ob wir das Feld der Liebe und des Wohlwollens oder das Feld des Hasses und der Ablehnung mit unseren Taten füttern.

Die Geschichte von Armin, der lernte, für alle Bereiche in seinem Leben Verantwortung zu übernehmen

Mein Klient Armin war beruflich sehr erfolgreich. Er hatte aus dem Nichts eine eigene Firma aufgebaut, machte Millionenumsätze und hatte ein Team hoch motivierter Mitarbeiter. Wurde er auf seinen Erfolg angesprochen, erklärte er gern, wie er es geschafft hatte, wie er für alle Schritte die Verantwortung übernommen hatte, um so weit zu kommen, um so erfolgreich zu sein. Was Beziehungen anging, lief es für Armin dagegen überhaupt nicht so, wie er es sich vorstellte. Er wünschte sich eine feste Beziehung, sehnte sich nach Liebe und nach einer Familie. Lernte er aber eine Frau kennen, entstand daraus – wenn überhaupt – eine kurze, unbefriedigende Affäre. Meist meldeten sich die Frauen spätestens nach dem zweiten Treffen nicht mehr. Wurde er auf sein Privatleben angesprochen, war von dem erfolgreichen Unternehmer nichts mehr übrig. Armin jammerte und haderte mit sich und den Frauen, die aus seiner Sicht immer schuld waren, dass es einfach nicht klappte.

Als Erstes musste Armin anerkennen, dass das Schöpferprinzip immer galt, auch für die Dinge und Lebensbereiche, in denen er erfolglos war. Dann begann die eigentliche Arbeit. Wir erforschten gemeinsam den Ursprung für seinen Misserfolg bei Frauen und warum sich im Beziehungsbereich seine Wünsche nicht erfüllten. Nachdem wir die zugrunde liegenden, traumatischen Ursachen, die in seiner Kindheit zu finden waren, mit schamanischen Methoden geklärt und in Heilung gebracht hatten, begann Armin ganz bewusst mit den Prinzipien der Schöpferkraft zu arbeiten. So konnten sich die männlichen und weiblichen Anteile in ihm aussöhnen und in Form der innerseelischen Archetypen des inneren Mannes und der inneren Frau wieder verschmelzen. Die bisher blockierte Beziehungsfähigkeit in ihm war nun frei und wurde mit Energie versorgt. Armin hatte erkannt und akzeptiert, dass er selbst aufgrund der blockierten Energien in Bezug auf Beziehungen für sein bisheriges Scheitern verantwortlich war. Bald darauf lernte er eine Frau kennen und zum ersten Mal erwuchs daraus eine tiefergehende Beziehung. Armin hatte verstanden, wie wichtig es ist, für alles in seinem Leben die Verantwortung zu übernehmen und damit die Schöpferkraft anzuerkennen.

 ## ERKENNTNISSE AUS DER GESCHICHTE

- ◆ Wir erschaffen immer, bewusst oder unterbewusst, unsere Realität.
- ◆ Unsere Schöpferkraft wirkt nicht nur im positiven Sinn, sondern auch in allem, was wir als negativ erleben und empfinden.
- ◆ Verantwortung ohne Wenn und Aber ist der wichtigste Schlüssel, um bewusst ein Leben zu kreieren, das uns und unserer Seelenabsicht entspricht.

 ## SCHAMANISCHE EMPFEHLUNGEN

Was du tun kannst, um dir eine Realität so zu erschaffen, wie du sie dir aus tiefstem Herzen wünschst:

- ◆ Der erste und wichtigste Schritt ist immer, die Verantwortung für sich und sein derzeitiges Leben zu übernehmen, ohne Wenn und Aber.
- ◆ Erst wenn du dich selbst als Schöpfer deines Lebens anerkennst, so wie es ist, verlässt du die Rolle des Opfers und wirst damit handlungsfähig.
- ◆ Erforsche, was du wirklich willst, was dir und deinem Wesen entspricht, und beschäftige dich mit den spirituellen Gesetzmäßigkeiten des Erfolges.
- ◆ In einer schamanischen Reise kannst du dich mit deiner Schöpferkraft verbinden und diese heilen und optimieren.

32

Wenn du deinen Halt verlierst, dann verbinde dich wie der Baum mit den Urquellen

Mutter Erde hilft dir zu verwurzeln.

Vater Sonne schenkt dir Licht.

Beide Kräfte fließen durch dich in dein Herz und so entsteht

in dir, durch dich in der Verbindung neues Leben.

Wie ein Baum gedeihst du, wirst gehalten, bist stabil.

Gerade in stürmischen und herausfordernden Zeiten brauchen wir Halt und Stabilität, um unseren Fokus und unsere Orientierung nicht zu verlieren und um uns nicht in negativen Gedankenmustern und schwächenden Gefühlen zu verlieren.

Aber nicht nur in stürmischen Zeiten – auch um optimal gedeihen und wachsen zu können, brauchen wir ein paar grundlegende Voraussetzungen. Dazu zählen sicherlich die Liebe und Fürsorge unserer Eltern oder der Bezugspersonen in unserer Kindheit, Anerkennung und Bestärkung, nährende zwischenmenschliche Beziehungen oder auf der körperlichen Ebene gesundes Essen, ausreichend Schlaf, genügend Bewegung und frische Luft, um nur ein paar Beispiele zu nennen. Fehlen diese Voraussetzungen, können wir nicht optimal wachsen. Wir werden beschränkt, erleiden Verletzungen, und in manchen Bereichen unseres Lebens findet vielleicht gar kein Wachstum statt. Vielleicht verkümmert sogar das eine oder andere Lebensfeld, während andere Bereiche gut genährt und versorgt werden und entsprechend gedeihen.

Auch unsere Seele braucht Bedingungen, die ihr Wachstum fördern, damit sich die Seelenabsicht zeigen und unsere Seele gesund gedeihen kann.

Kennst du die einfachste und zugleich effektivste Art, um sofort mehr Halt und Stabilität zu bekommen? Wir können uns in einer Form der Meditation sofort mit den beiden stabilisierenden und zugleich wichtigsten energetischen Urkräften verbinden – mit Mutter Erde unter uns und Vater Sonne über uns.

 Die Geschichte von dem Apfelbaum, der Mutter Erde und Vater Sonne braucht, um zu gedeihen

Ein alter Mann lebte mit seinen drei Söhnen in einem Garten mit einem Apfelbaum. Der Apfelbaum war so mächtig und kräftig, dass er jedes Jahr aufs Neue viele Äpfel trug. Der Vater und seine Söhne verkauften die Äpfel auf dem Markt und konnten von dem Erlös gut leben.

Als die Söhne größer wurden, schenkte der Vater jedem einen kleinen Apfelbaum mit dem Auftrag, sie sollten in die Welt ziehen, sich einen guten Platz suchen und dann dort ihr eigenes Leben leben.

Der erste Sohn verlor schnell die Lust am Wandern. Er vergaß alle guten Ratschläge des Vaters und blieb einfach an einer Quelle in einer wilden, kargen Bergregion sitzen. »Wasser ist das Wichtigste«, sagte er zu sich, pflanzte den Baum in die Nähe der Quelle und kümmerte sich nur darum, dass der junge Baum genügend Wasser bekam. Leider war der Boden viel zu felsig, sodass der

Apfelbaum mit seinen Wurzeln in der Erde keinen guten Halt fand. Beim nächsten heftigen Sturm kippte der Baum um und starb. Der Sohn aber fand keinen Halt und keinen Platz im Leben und irrte seitdem durch die Welt.

Der zweite Sohn ging weiter durch die Berge und kam in ein Tal, in dem es Sträucher und Gräser gab. Dort pflanzte er den Baum, ohne zu bedenken, dass hier im Tal die Sonne erst sehr spät auf den Baum schien und sich sehr früh wieder verabschiedete. Der Baum konnte sich zwar verwurzeln, aber da er viel zu wenig Sonne bekam, trug er fast keine Äpfel und die, die es schafften, waren klein und schrumpelig. Irgendwann verlor der Sohn die Lust und ging frustriert seines Weges. Auch er fand keinen Platz im Leben und zog seitdem haltlos umher.

Der dritte Sohn, der immer gut aufgepasst hatte, was der Vater ihn und seine Brüder gelehrt hatte, ging über die Berge und das Tal hinaus in eine fruchtbare Ebene. Dort suchte er sich einen Platz mit perfektem Boden und genügend Wasser, der zudem optimal von der Sonne beschienen wurde. Der Baum wuchs, wurde zum schönsten Apfelbaum weit und breit und trug die größten und saftigsten Äpfel. Der Sohn fand wie sein Baum eine neue Heimat, verwurzelte sich und war gleichzeitig offen für die Energien des Lebens, sodass auch seine Seele strahlte und ge-nährt wurde.

 ## ERKENNTNISSE AUS DER GESCHICHTE

- Die Natur – und damit auch wir Menschen – ist das Bindeglied zwischen der Energie von Vater Sonne und Mutter Erde.
- In uns treffen sich diese Kräfte und vereinigen sich in unse-rem Herzen.
- Wir sind damit permanent am Schöpfungsakt des Univer-sums beteiligt.

- Das Universum will sich dadurch in Verbindung mit der Energie der Liebe in unserem Herzen in der Welt ausdrücken.
- In dieser Verbindung finden wir Halt und Stabilität und werden optimal genährt.

 ## SCHAMANISCHE EMPFEHLUNGEN

Was du tun kannst, um Halt und Stabilität zu erlangen:

- Wähle bewusst das Bild des Baumes, um dich in einer kleinen Meditation mit den Urkräften zu verbinden. Du kannst die Meditation auch mit deiner Atmung verbinden und ganz bewusst in die beiden Pole atmen.
- Stelle dich aufrecht und entspannt hin, atme einige Male ruhig ein und aus. Dann beginne mit der Meditation:
  - Stelle dir vor, du bist ein Baum. Aus deinen Fußsohlen wachsen energetische Wurzeln, die dir Halt und Stabilität geben und die dich mit der Kraft, Weisheit und Liebe der Erdenmutter, dem urweiblichen Pol verbinden.
  - Stelle dir weiter vor, dass dein Kopf mit Blättern bedeckt ist und du darüber wie ein Baum mit seiner Blätterkrone eine direkte Verbindung zum Sonnenlicht herstellst. Du öffnest dich also energetisch nach oben zur Sonne, verbindest dich mit der Kraft, Weisheit und Liebe des urmännlichen, väterlichen Pols.
  - Dein Körper zwischen den Wurzeln und der Verbindung nach oben symbolisiert den Stamm des Baumes, durch den beide Energien nach oben und unten fließen können.
  - Stelle dir weiter vor, dass sich diese beiden Urkräfte in deinem Herz treffen, sich dort verbinden und vereinigen und dass du daraus immer wieder neues Leben in Form von neuer Energie hervorbringst – Energie, die durch diese Verbindung der Urpole entsteht.

- So bist du über die Vorstellung des Baumes und der Vereinigung der beiden Urenergien in dir in deinem Herzen andauernd am Schöpfungsprozess dieses Universums beteiligt. Die Schöpfung drückt sich durch dich über dein Herz aus und diese Energie fließt aus deinem Herzen in das Leben, in die Welt und manifestiert sich in der sichtbaren Welt.

33

Du kannst dich gegen den Sturm stellen oder seine Energie für deine Seele nutzen

Auch im größten Sturm ist es dein freier Wille, ob du trotzig kämpfst oder die Kräfte für dich nutzt, wenn du erkennst, wie sich die Weisheit für dich zeigt.

Gerade in stürmischen Zeiten vergessen wir oft die grundlegenden spirituellen Wahrheiten, Weisheiten und Grundgesetze. So erkennen wir manchmal nicht mehr, dass alles, was existiert, jedes Ereignis und jede Gegebenheit immer eine Licht- und eine Schattenseite hat. Hier in der polaren Welt unterliegt alles dem Grundgesetz der Dualität. Es gibt immer zwei entgegengesetzte Pole, die vermeintliche Gegensätze beschreiben, aber doch nur die zwei Seiten einer Medaille sind und die nur miteinander existieren können: hell und dunkel, Mann und Frau, gut und böse, gesund und krank, oben und unten usw.

So hat auch jeder Lebenssturm zwei Seiten. Wenn wir diese anerkennen und vor allem erkennen, worin die für uns positive

Seite liegt, dann können wir dieses Wissen ganz gezielt nutzen, indem wir uns nicht den destruktiven, negativen Energien überlassen, sondern uns in den positiven, unterstützenden Energiefluss begeben.

Bleiben wir im zerstörerischen Pol des Sturmes stecken und stellen wir uns gegen den Sturm, dann kann er uns entwurzeln und weit weg von uns und unseren Absichten führen.

 ### Die Geschichte von dem Mann, der vom Sturm in die richtige Richtung geführt wurde

Ein Mann ritt auf seinem Kamel durch die Wüste. Er war durstig, seine Wasservorräte gingen zur Neige und die sengende Hitze machte ihm zu schaffen. Sein ursprüngliches Ziel hatte er aus den Augen verloren. In der Ferne sah er eine Oase, auf die er zuritt. Leider entpuppte sie sich als Fata Morgana, aber sogleich tauchte am Horizont die nächste Oase auf. Auch diese entpuppte sich als Fata Morgana. Der Mann wurde von Panik erfasst und Angst kroch in ihm hoch. Plötzlich verdunkelte sich auch noch der Himmel und der Mann und sein Kamel waren bald in einem dichten Sandsturm gefangen.

Der Mann war kurz davor, aufzugeben, als er plötzlich seine innere Stimme hörte. Sie flüsterte ihm zu, dass alles immer zwei Seiten hat, und stellte ihm die Frage, worin der positive Aspekt seiner Situation sein könnte. Er erinnerte sich daran, dass er schon immer gut darin war, dem Gesang des Windes und dessen Botschaft zu lauschen. Also hielt er inne und lauschte der Stimme des Sturmes, die ihm zuflüsterte, dass der Sturm nur da war, um ihm den Weg zu weisen. So ließ er sich mit seinem Kamel voller Vertrauen vom Sturm leiten und kämpfte nicht mehr dagegen an. Als der Sturm sich legte, stand er vor einer wunderschönen Oase, in der er sich von den Strapazen erholen konnte. Hier fand er alles, was er gerade brauchte, und zudem hatte er die Lektion des Lebens verstanden: Es hatte ihn Vertrauen gelehrt und wieder in Kontakt mit seiner Seele gebracht.

 ## ERKENNTNISSE AUS DER GESCHICHTE

- Aus der Sicht der Seele hat jeder Lebenssturm und jede herausfordernde Zeit auch eine positive Absicht, die wir für uns, für unsere Seelenabsicht und für unsere Entwicklung nutzen können.
- Wenn wir die positive Absicht unserer Situation erkennen – wenn wir also darauf vertrauen, dass wir geführt sind und es eine höhere Absicht gibt, die uns in jeder Situation unterstützt, sei sie auch noch so ausweglos –, dann sind wir mit den positiven, unterstützenden Energien verbunden.
- Wir können uns vertrauensvoll dem Leben hingeben, da wir wissen, dass wir geführt sind und dass das Leben mit all seinen Kräften immer auch einen unterstützenden Aspekt hat, der sich mit unserer Seelenabsicht verbindet.
- Wenn wir gelernt haben, unserer Seele die Führung zu überlassen, dann können wir auch in herausfordernden Zeiten unserer inneren Seelenstimme lauschen und ihr vertrauen.

 ## SCHAMANISCHE EMPFEHLUNGEN

Was du tun kannst, um die positive Seite zu finden und deren Energie für dich zu nutzen:

- Halte inne und stelle dir selbst die Frage, worin der positive Aspekt, der Lernaspekt für deinen Seelenweg besteht.
- Welche Frage stellt dir das Leben mit dieser Herausforderung? Welche Antwort ist es, die dich wirklich weiterbringt und dir hilft, deine Seelenabsicht zu verwirklichen?

- Lausche ehrlich in dich und in dein Herz. Die Stimme deiner Seele, sei sie auch noch so leise, wird dir Antworten geben.
- Nutze dann konsequent und fokussiert die im Sturm enthaltene Energie für dich und deine Seele. Letztlich geht es darum, die Meisterschaft über die äußeren Lebensumstände zu erlangen, indem wir alles, was uns widerfährt, für unsere Seelenentwicklung nutzen.

34

Aktiviere alle inneren Kraftquellen, um trotz stürmischer Zeiten aufrecht zu stehen

Unerschöpfliche Seelenkraft in uns und für uns, für unser Leben und für unsere Seelenabsicht. Wenn alle Quellen in dir fließen – was soll dich dann hindern, deinen Seelenweg zu gehen, voller Liebe, Kraft und Energie?

Gerade in stürmischen Zeiten brauchen wir den Zugang zu unseren inneren Kraftquellen, um fokussiert den Kurs zu halten und unser Ziel nicht aus den Augen zu verlieren. Wir brauchen genügend Energie, um durchzuhalten, bis sich der Sturm wieder legt. Die meisten Menschen denken dabei nur an ihre eigene, persönliche körperliche Kraft und Energie und an ihre mentale Kraft, die individuell unterschiedlich ist und stark vom Trainingszustand und vom Lebensstil abhängt.

Um aber unsere Seelenabsicht zu verwirklichen und diese liebevoll, kraftvoll, energiegeladen und voller Power in die Welt zu bringen, bedarf es weiterer Quellen, die eine direkte Verbindung zur Seelenweisheit und zu übergeordneten Weisheits- und Kraftquellen besitzen.

Im Land unserer Seele finden wir hierfür drei Kraftquellen, die miteinander verbunden sind und zusammen dafür sorgen, dass wir immer genügend Kraft und Energie für alle Herausforderungen des Lebens zur Verfügung haben. Gleichzeitig sind sie dafür zuständig, dass für die Verwirklichung unserer Seelenabsicht genügend Energie verfügbar ist.

- Der Quell des Lebens ist die Kraftquelle, die uns und unsere Seele mit dem Urkraftfeld des Universums, mit der Urkraft der Schöpfung verbindet.
- Der Ort der Kraft repräsentiert unser persönliches Kraftfeld, das uns mit unserer persönlichen, individuellen Kraft verbindet. Gleichzeitig stellt er die Verbindung zu den Kraftfeldern der Erde her.
- Der Fels der Ahnen verbindet unsere Seele mit dem Kraftfeld unserer Ahnen, in das wir hineingeboren wurden. Über den Fels der Ahnen sind wir mit der Kraft, Weisheit und Liebe unserer Herkunftsfamilie verbunden.

Jede dieser drei Quellen in uns trägt zu jeweils 33 Prozent zu der innerseelischen Kraft bei, die uns zur Verfügung steht. Sind diese drei Kraftquellen im freien Fluss, ist auch das Optimum an Kraft frei verfügbar. Je blockierter diese Quellen sind, desto schlechter ist der Energiefluss in uns und desto weniger Kraft haben wir. Ist eine dieser Quellen ganz oder teilweise blockiert, führt das automatisch dazu, dass die anderen beiden umso mehr Energie aufwenden müssen und dementsprechend wesentlich längere Erholungsphasen brauchen, um sich nicht zu erschöpfen. Bei längeren Blockierungen kann das zu Krankheiten wie das Erschöpfungssyndrom oder Burn-out führen, was uns wiederum noch mehr von unseren innerseelischen Kraftquellen trennt.

Die Geschichte, wie die Menschen ihre Kraftquellen versiegen ließen

Als die Menschenseelen auf die Welt kamen, waren sie optimal darauf vorbereitet, in der polaren Welt in einem menschlichen Körper ihre Seelenabsicht zu verwirklichen. Sie waren über die innerseelischen Archetypen mit allen Weisheits- und Kraftquellen verbunden, um immer optimal agieren zu können. Die einzige Voraussetzung war, dass die Menschen bewusst eine Verbindung zu ihrer Seelenweisheit aufrechterhielten und sich deren Führung hingaben. Dadurch war gewährleistet, dass nicht das Ego die Macht übernahm.

Im Laufe der Zeit vergaßen aber immer mehr Menschen, dass die Seele im Körper wohnte und dass sie mit der wahren Weisheit verbunden war. Immer mehr Menschen ließen zu, dass das Ego wuchs und sich damit Gier, Hass, Neid und Missgunst ausbreitete. Der Bezug zur Seele ging dadurch verloren. Das Ego schuf künstliche Begierden, denen die Menschen fortan hinterherjagten. Dabei bemerkten sie nicht, dass sie sich völlig verausgabten, ihre Kräfte nicht mehr sinnvoll nutzten, ihre Kraftquellen missbrauchten und manipulierten, sich überforderten und in einen Strudel gerieten, der dazu führte, dass ihre Kraftquellen blockiert wurden und sie sich immer schneller erschöpften. Da aber die Egos der Menschen gleichzeitig immer mehr Chaos in der Welt verursachten, was wiederum noch mehr Kraft erforderte, geriet das ursprüngliche Gleichgewicht ins Wanken. Die Menschen verloren einerseits jegliches Maß und Ziel und zerstörten nur noch blind die Erde und sich selbst. Gleichzeitig spürten immer mehr Menschen keine Kraft mehr in sich, da sie sich von den inneren Kraftquellen abgeschnitten hatten.

Als die Erde fast zerstört war, erinnerten sich einzelne Menschen wieder an ihren Seelenauftrag und an den großen, kollektiven Auftrag, die Erde zu behüten. Sie fingen an, sich für die alte Weisheit der Seelen zu öffnen, stellten die ursprünglichen Verbindungen wieder her und räumten alles beiseite, was die Quellen der Kraft blockierten. Sie wurden wieder zu Erdenhütern, die ihren Seelenauftrag zum Wohle aller Wesen verwirklichten, und fingen so damit an, das ursprüngliche Gleichgewicht wiederherzustellen.

 ## ERKENNTNISSE AUS DER GESCHICHTE

* Um unseren Seelenauftrag zu verwirklichen, brauchen wir die drei innerseelischen Kraftquellen, damit wir genügend Energie haben und mit den übergeordneten Weisheits- und Kraftquellen verbunden bleiben.
* Wenn wir vom Ego geleitet werden und nicht von der Seelenweisheit, verlieren wir den Kontakt zu unseren inneren Kraftquellen.
* Dann sorgen traumatische, gegen die Seelenabsicht gerichtete Ereignisse dafür, dass die Kraftquellen immer mehr blockiert werden.
* Wenn wir uns nur von einer Kraftquelle trennen, müssen die anderen Quellen umso mehr Energie aufbringen. Das Gleichgewicht wird dadurch immer mehr gestört und dies führt auf Dauer zu Erschöpfung.

 ## SCHAMANISCHE EMPFEHLUNGEN

Was du tun kannst, um den Kontakt zu deinen inneren Kraftquellen herzustellen und Blockaden zu lösen:

* Überprüfe für dich, zu welchen inneren Kraftquellen du einen Bezug hast: Fühlst du dich mit der Urquelle und der Urkraft verbunden? Hast du eine Verbindung zu deiner Seelenkraft? Spürst du deine Ahnenkraft?

- Wenn du hier Defizite entdeckst, dann erforsche für dich, was diese Kraftquellen blockiert oder deinen Kontakt zu ihnen verhindert.

- Überprüfe auch, wie du grundlegend mit deinen Kräften umgehst: Haushaltest du sinnvoll mit deiner Kraft und machst auch Pausen zur Regeneration? Überforderst oder unterforderst du dich ständig? Hast du genügend Durchhaltevermögen oder gibst du zu früh auf?

- Überprüfe für dich, ob du immer wieder Situationen und Menschen in dein Leben ziehst, die dich schwächen und dir die Kraft rauben.

- Wenn du erschöpft bist und merkst, dass dir der Zugang zu deinen inneren Kraftquellen fehlt, dann kannst du diesen zum Beispiel mit schamanischen Seelenreisen aktivieren und dich wieder mit deiner innerseelischen Kraft verbinden.

35

Ohne deine Ahnen und deren Kraft hast du keine Wurzeln

Wie ein Blatt, das der Sturm mit sich hinwegträgt,
mit dem der Sturm spielt, wie es ihm beliebt,
so ist der Mensch, der keine Wurzeln hat.
Er kann nicht gehen, kann nicht stehen,
ist den Gewalten hilflos ausgeliefert,
hat keine Richtung und kein Ziel,
treibt haltlos durch sein Leben.

Gerade in herausfordernden, stürmischen Zeiten ist es wichtig, dass wir gut verwurzelt sind, damit uns der Sturm des Lebens nicht einfach umhaut und entwurzelt. Haben wir keine Wurzeln oder sind diese nicht gut ausgeprägt, reichen oft schon Kleinigkeiten, um uns den Boden unter den Füßen wegzuziehen. Wir sind dann nicht standfest und der Wind des Lebens weht uns mal hierhin, mal dorthin, ohne dass wir großen Einfluss darauf haben.

Für unser Leben brauchen wir zwei verschiedene Arten von Wurzeln:

- unsere eigenen energetischen Wurzeln, die uns wie einen Baum mit Mutter Erde verbinden,
- die Wurzeln durch die Verbindung zu unseren Ahnen.

Wie geht es dir mit deiner Herkunftsfamilie, mit deinen Ahnen? Spürst du deren Kraft, Liebe und Weisheit in dir und durch dich fließen, oder fühlst du dich von dieser Kraft getrennt, vielleicht sogar blockiert? Wenn du an deine Herkunftsfamilie denkst: Spürst du dann eine warme, kraftvolle, liebevolle und unterstützende Energie in deinem Rücken, die dich sanft und zugleich kraftvoll hält, in die du dich zurücklehnen kannst, die dich durchströmt und auf deinem Weg durch das Leben begleitet? Hast du das Gefühl, dass du mit deiner Herkunftsfamilie gut verbunden bist und dadurch Wurzeln für dieses Leben mitbekommen hast?

Neben unserer individuellen Verwurzelung existiert über unsere Herkunftsfamilie und unsere Gene eine direkte Verbindung zu unseren Ahnen und damit zu den Wurzeln unserer genetischen Herkunft. Über diese genetischen Wurzeln sind wir im Idealfall mit der Urkraft und Urliebe unsere Ahnenreihe verbunden, die sich direkt aus der Quelle nähren und uns damit verbinden. Wir sind verbunden mit allen positiven, fördernden wie auch negativen, blockierenden Kräften, die unsere direkten Vorfahren in den letzten sieben Generationen erlebt haben.

Gibt es in unserer Ahnenreihe traumatische Erlebnisse, die nicht aufgearbeitet oder gelöst wurden, so kann das dazu führen, dass wir von unserer Ahnenkraft komplett getrennt sind oder diese zumindest nur abgeschwächt spüren können. Genauso wie ein einzelner Mensch entwurzelt sein kann, so kann das auch einem ganzen Ahnensystem passieren. Dann mag der Fels der Ahnen das Potenzial in sich tragen, sich mit der Ahnenkraft zu verbinden, wenn aber keine Energie bei ihm ankommt, kann er diese auch nicht kanalisieren und lenken. Denn die Energie, die über ihn fließen sollte, steht gar nicht zur Verfügung. Uns fehlen dann die Wurzeln unserer Ahnen und hinter uns steht niemand, der uns den Rücken stärkt und uns mit seiner Kraft, Weisheit und Liebe durch das Leben begleitet.

Die Geschichte von den Fackeln, die die Energie der Urquelle über Generationen von Menschen weitertragen

In den Anfängen der Zeit der menschlichen Existenz wurden den ersten Menschen mehrere Fackeln übergeben, die die Energie der Urquelle enthielten. Die Menschen sollten sich diese Kraft bewahren und die Fackeln mit der Energie des Ursprungs von Generation zu Generation weitergeben, damit alle Menschen immer mit ihren ursprünglichen Wurzeln verbunden blieben.

So wurden die Fackeln weitergegeben, sie wurden geteilt und die Fackeln vermehrten sich. Einige Fackeln blieben bei jeder Übergabe in ihrer Kraft, aber es gab auch welche, die durch traumatische Erlebnisse der Fackelträger an Kraft verloren oder sich mit negativen, bremsenden Energien vermischten, und sogar welche, deren Flammen erloschen. Manche wurden wieder neu entzündet, manche reinigten sich selbst von den blockierenden, dunklen Energien, manche blieben immer hell und klar.

So wurden mit der Vermehrung der Menschen immer mehr Fackeln entzündet und weitergegeben. Die Menschen, deren Bewusstsein für diese Zusammenhänge geöffnet blieb, erkannten, dass es immer einen Zyklus von sieben Generationen gab, der sich auf die Energie der Fackeln positiv, neutral oder negativ auswirkte. Die alten Weisen kannten Mittel und Wege, um die Energien zu reinigen und zu klären, und so blieb die Verbindung zur Urquelle immer bestehen, auch wenn sie oft vernebelt und geschwächt wurde. Aber im Laufe der Zeit ging das Wissen um die Rituale verloren und so verloren auch immer mehr Menschen ihren Bezug zu ihrer Herkunft und ihren Wurzeln. Andere erhoben die Familie, den Clan und deren Glaubenssätze zum Dogma, selbst wenn sie noch sosehr von egoistischen, lebensfremden Prinzipien und Glaubenssätzen geprägt waren.

Ein paar Menschen jedoch bewahrten das Wissen von der Bedeutung der Ahnenreihe und ihrer Verbindung zur Urquelle. So ging dieses Wissen nicht ganz verloren und steht uns heute wieder zur Verfügung, um die essenzielle Kraft der Urquelle wieder zu aktivieren und uns damit zu verbinden.

 ## ERKENNTNISSE AUS DER GESCHICHTE

- ◆ Unser Ahnensystem ist im Ursprung mit der reinen, göttlichen Energie verbunden.
- ◆ Von Generation zu Generation wird diese Energie als energetische Lichtfackel weitergereicht.
- ◆ Alle Ereignisse, sowohl positiv als auch negativ, haben Auswirkungen auf das Licht der Fackel und damit auf die ursprüngliche Energie der Urquelle.
- ◆ Unabhängig davon, ob wir einen Bezug zu unserer Herkunftsfamilie haben, wirkt deren Energie durch uns und in uns.
- ◆ Wenn negative oder traumatische Ereignisse in einer Generation die Urkraft und Urenergie unserer Ahnen bremsen, verwässern oder schwächen, liegt es an uns, die Energie wieder zum Fließen zu bringen – zu unserem eigenen Wohl als auch zum Wohl aller beteiligten Personen im Ahnensystem.
- ◆ Unsere Ahnen geben uns Wurzeln, auch und gerade durch sie sind wir mit der Urquelle, der Erde und dem Leben verbunden.

 ## SCHAMANISCHE EMPFEHLUNGEN

Was du tun kannst, um das Feld der Kraft, Weisheit und Liebe deiner Ahnen zu aktivieren:

- ◆ Der Schlüssel bei jeder Form von Ahnenarbeit ist unsere eigene innere Haltung.
- ◆ Wenn du mit einer Grundhaltung von Offenheit, Achtung und Respekt vorgehst und bereit bist, das Schicksal deiner Ahnen

wertfrei zu respektieren, dann wird jede Generation die blockierte oder gebremste Kraft wieder fließen lassen.

- Bevor du dich in Aufstellungen den Konflikten mit deiner jetzigen Familie und mit deinen Eltern zuwendest, mache als Basis mindestens eine 7-Generationen-Aufstellung, in der du zunächst die Kraft der Urquelle durch alle Generationen hindurch wieder zum Fließen bringst. So hältst du an deiner Position an der Spitze deiner Ahnen die Fackel in ihrer ganzen Strahlkraft in Händen.
- Erst mit dieser Energie in den Händen kannst du aus den bestehenden Konflikten in der Familie effektiv aussteigen und diese lösen.

36

Im Sturm der Zeit öffnet sich das Tor zum Abenteuer Leben

**Gefangen in der Zeit
flüchten wir in das, was war,
oder in die Angst vor dem, was kommt.
Doch die Zeit, sie will uns helfen,
im Abenteuer Leben ganz zu sein.**

Wenn wir uns in herausfordernden, stürmischen Zeiten befinden, neigen viele Menschen dazu, sich in die »gute alte Zeit« zu flüchten. Nostalgisch wird verklärt, was vermeintlich besser war. Oder wir driften voller Angst ab in die Zukunft und malen uns aus, was alles passieren könnte. Aber mit der Zeit ist das so eine Sache. Wenn es uns gut geht, machen wir uns keine Gedanken darüber. Wenn wir glücklich und ekstatisch sind, wünschen wir uns, es möge für immer so bleiben – wir versuchen, den Moment festzuhalten und würden die Zeit am liebsten anhalten. Wenn es uns schlecht geht, wünschen wir uns, es möge möglichst schnell vorübergehen – wir versuchen, die Zeit zu beschleunigen.

Damit stemmen wir uns grundlegend gegen den Lauf der Zeit und verkennen völlig, was Zeit eigentlich ist: eine Illusion, der wir uns in der materiellen Welt von Ursache und Wirkung unterworfen haben, damit unser begrenzter Verstand für alles eine Erklärung findet und alle Geschehnisse chronologisch einordnen kann.

Betrachten wir das Leben von einer höheren Warte der Unendlichkeit aus, wird schnell deutlich, dass die Zeit und die materielle Existenz miteinander verwoben sind und das eine nicht ohne das andere existieren könnte. Ohne Materie gibt es keine Zeit und ohne Zeit gibt es keine Materie.

Unsere Seele dagegen ist frei. Sie ist weder an die materielle Welt noch an die Zeit gebunden, sie ist in der Ewigkeit zu Hause. Finden wir eine Möglichkeit, uns aus dem Raum-Zeit-Gefüge zu lösen, dann betreten wir die Unendlichkeit und gleichzeitig die Matrix der unbegrenzten Möglichkeiten – den zeit- und raumlosen »Ort der Unendlichkeit«. Von hier aus sind wir in der Lage, uns unser Leben neu zu erschaffen und damit direkt und unmittelbar unsere Realität im Raum und in der Zeit zu beeinflussen. Hier ist der Ort, an dem auch Wunder möglich werden, wenn wir den Zugang dazu finden. Hier sind wir die Schöpfer unserer Realität und nicht die machtlosen, dem Leben, der Materie und der Zeit ausgelieferten hilflosen Menschen.

Mit dem Betreten des Heiligen Raumes (Seite 176 ff.) und der schamanischen Seelenreise können wir die Tore in die Unendlichkeit öffnen und damit unser Leben jenseits unserer Ängste, Sehnsüchte und egoistischen Wünsche gestalten. Unser Leben wird zu dem Abenteuer, für das wir ursprünglich hierhergekommen sind. Der Sturm der Zeit fegt über uns hinweg und kann uns doch nicht mehr gefangen nehmen – im Wissen der Unendlichkeit in uns und im Wissen um die Illusion von Materie, Raum und Zeit.

Die Geschichte von Miriam, einer Zeitreisenden, die zum Wohle der Menschen arbeitete

Miriam hatte schon als Kind eine besondere Gabe: Sie konnte die lineare Zeit verlassen und die Geheimnisse der Zeit ergründen. Auf ihren Reisen lernte sie, dass die lineare Zeit eine Illusion ist, die wir Menschen selbst geschaffen haben. Sie konnte sich aus ihrem materiellen Körper lösen und fand dabei heraus, dass die Vergangenheit, das Jetzt und die Zukunft nicht getrennt voneinander auf einer Zeitlinie existierten, sondern dass alles gleichzeitig existiert. Die Vergangenheit ist im Jetzt und die Zukunft ebenso. Nur das Jetzt, dieser eine Moment zwischen der Zeit, der ein Tor zur Unendlichkeit öffnet, existiert wirklich. Alles andere ist eine Illusion. Als Miriam diese Erkenntnisse stolz ihren Eltern präsentierte, waren diese tief besorgt und schickten ihre Tochter zum Psychologen. Aber Miriam wusste, was sie erlebt hatte und tagtäglich erlebte. Sie hatte das Geheimnis der Zeit für sich gelöst.

Als Miriam älter wurde, war sie Meisterin der Zeit geworden und begann anderen Menschen zu helfen, die sich in der Zeit verfangen hatten, in ihrer Vergangenheit feststeckten oder in ihrer Vorstellung der Zukunft oder ihren Zukunftsängsten gefangen waren. Sie wurde zu einer Zeitreisenden, die zum Wohle der Menschen arbeitete. Die meisten Menschen, denen sie half, verstanden zwar nicht, wie genau das alles funktionierte und worin das Geheimnis lag, aber da Miriam ihnen helfen konnte, war das den meisten auch egal. Einige wenige aber verstanden, dass das Meistern der Zeit der Schlüssel war, um im Hier und Jetzt anzukommen, und sie lernten von Miriam, wie sie diesen Weg selbst gehen konnten.

 ## ERKENNTNISSE AUS DER GESCHICHTE

- Probleme entstehen oft, weil unser Ego an den Ereignissen der Vergangenheit festhält. Ein anderer Grund ist, dass wir uns von unseren Ängsten vor möglichen Gefahren und negativen Ereignissen in der Zukunft leiten lassen und uns deshalb in eine Vermeidungshaltung begeben.

- Beides führt dazu, dass wir nicht im Hier und Jetzt sind, sondern in der Vergangenheit oder Zukunft verweilen.
- Damit haben wir die Macht an die lineare Zeit abgegeben.
- Wenn wir die Zeit loslassen, kommen wir in diesem einen Moment an, in dem alles möglich ist.
- Im Jetzt hört die Zeit auf zu existieren und wir sind frei von der Vergangenheit und von der Zukunft.

Gerade in stürmischen Zeiten greifen wir oft auf die Geschehnisse und Glaubenssätze aus der Vergangenheit zurück und lassen uns von der Angst vor dem, was kommt, leiten. Damit verlieren wir den Bezug zum Jetzt und gleiten ab in die Ohnmacht der Zeit. Erst wenn wir begreifen, dass nur das Jetzt zählt, können wir frei wählen, wie wir uns gerade fühlen möchten, was wir tun möchten, wohin wir gehen möchten.

 ## SCHAMANISCHE EMPFEHLUNGEN

Was du tun kannst, wenn du gerade in stürmischen Zeiten oder persönlichen, schwierigen Lebensumständen feststeckst und nicht im Hier und Jetzt bist:

- Beobachte immer wieder deine Gedanken. Worüber denkst du nach? Über Ereignisse, die vorbei sind, oder über die Zukunft?
- Vergegenwärtige dir immer wieder den Moment, das Jetzt, und hole dich bewusst ins Hier und Jetzt.
- Mache dir immer wieder bewusst, dass jede Veränderung nur jetzt passieren kann.
- Überlege: Was kannst du jetzt tun? Welche Handlung ist jetzt wirklich wichtig, um dich aus deinen Problemen zu befreien?

37

Wenn du aufhörst von der Vergangenheit zu träumen, dann beginnt dein Leben

Hier ist der einzige Ort, an dem du bist.

Jetzt ist der einzige Moment, in dem du handelst.

Jede Veränderung braucht das Hier und Jetzt.

Loslassen ist der Schlüssel,

um im Hier und Jetzt zu sein.

Kennst du das auch, dass deine Gedanken immer wieder um dieselben Ereignisse in der Vergangenheit kreisen? Dabei spielt es keine Rolle, ob wir diese Ereignisse als besonders positiv oder negativ bewerten.

Natürlich ist es in Ordnung, sich seinen Erinnerungen hinzugeben. Aber oft ist es so, dass wir damit verhindern, das Leben in diesem Moment aktiv und bewusst zu erleben und zu gestalten, denn Veränderung findet immer im Hier und Jetzt statt. Gerade in stürmischen Zeiten, in denen wir die äußeren Umstände als schwierig empfinden oder uns ohnmächtig ausgeliefert fühlen, lassen wir uns von Zukunftsängsten vereinnahmen oder kreisen in unseren Gedanken um die vermeintlich bessere Zeit in der Vergangenheit. Beides führt dazu, dass wir in einen

Zustand rutschen, in dem unser Bewusstsein nicht mehr aktiv am Leben teilnimmt und wir aufhören, unser Leben trotz aller Widrigkeiten in unserem Sinne zu gestalten.

Die Geschichte von dem Mann, der sich im Netz der Erinnerungen verfangen hatte

Ein lebenslustiger Mann wanderte durch die Welt. Überall, wo er hinkam, erfreute er sich an der Schönheit der Natur und an den Wundern der Schöpfung. Er blickte immer nach vorn und war neugierig, was ihm das Leben noch alles zu bieten hatte. Als er älter wurde und durch eine karge Landschaft wanderte, die sich auch nach Tagen und schließlich Wochen nicht veränderte, wandte er seinen Blick immer öfter zurück und verlor sich in seinen Erinnerungen an die ehemals so schöne Zeit. In Gedanken versunken, übersah er dabei auch die vorhandene karge Schönheit dieser Landschaft.

Schließlich konnte er durch seine Unachtsamkeit im Außen, durch seine Sehnsucht nach der vergangenen Zeit und durch seine Unzufriedenheit über seinen jetzigen Weg auch die Wegmarkierungen, die ihm den Weg aus der kargen Landschaft gezeigt hätten, nicht mehr erkennen. So verirrte er sich immer mehr und kam schließlich in eine Moorlandschaft, durch die nur noch ein schmaler Pfad führte. Nachdem er aufgrund von Unachtsamkeit bereits mehrmals in das Moor abgerutscht war, kam er schließlich auf eine kleine, feste Fläche mitten in der Moorlandschaft. Um die Fläche herum ragten halb versunken verschiedene Skulpturen und Bilder aus dem Moor, die ihn an die gute alte Zeit erinnerten. Da er keinen Weg mehr aus dem Moor fand, blieb er einfach dort und hielt sich an den Erinnerungen an seine vermeintlich bessere Vergangenheit fest, die ihm die Bilder und Skulpturen spiegelten.

Nach langer Zeit kam ein Weiser zu dem Platz im Moor. Er sah den Mann, gefangen in einem Netz aus Erinnerungen, das jegliches Weiterkommen verhinderte. »Warum verweilst du hier an diesem unwirtlichen Ort?«, fragte er den Mann. »Ich habe mich verlaufen und jetzt geben mir nur noch meine Erinnerungen Halt. Zudem kann ich mich nicht mehr bewegen«, sagte dieser. Der Weise erwiderte: »Du musst einfach nur das Netz deiner Erinnerungen loslassen, das dich in deiner Vergangenheit festhält. Dann kannst du im Hier und Jetzt deinen Weg weitergehen. Gleich ein paar Meter geradeaus hört das Moor auf und es beginnt die wohl schönste, fruchtbarste Landschaft auf dieser Erde.«

 ## ERKENNTNISSE AUS DER GESCHICHTE

- Wir hören oft zu früh auf, obwohl das Ziel nicht mehr weit entfernt ist.
- Die Hinwendung zur Vergangenheit, selbst wenn diese schön war, kann uns von den richtigen Entscheidungen im Hier und Jetzt abhalten und diese verhindern.
- Das Festhalten an dem, was war, fesselt uns an die Vergangenheit und hindert uns daran, in Freiheit und innerem Frieden in unsere Zukunft zu schreiten.
- Loslassen ist ein Schlüssel in die Freiheit.
- Handeln können wir nur im Hier und Jetzt.
- Das Leben findet in der Polarität statt – es gibt immer zwei Seiten. Wir haben es selbst in der Hand, für welche Sichtweise und für welche Seite wir uns entscheiden, unabhängig von den äußeren Umständen.
- Auch wenn die äußeren Umstände nicht unseren Vorstellungen entsprechen, können wir trotzdem weitergehen, solange wir uns nicht von unseren unerfüllten Sehnsüchten, Erinnerungen und Wünschen ablenken und blockieren lassen.

SCHAMANISCHE EMPFEHLUNGEN

Was du tun kannst, wenn du gerade in stürmischen Zeiten oder schwierigen Lebensumständen feststeckst und dir die »gute alte Zeit« zurückwünschst:

- Mache ein einfaches Loslassritual, das dir dabei hilft, dich aus den Fesseln der Vergangenheit zu lösen, um fokussiert im Hier und Jetzt anzukommen. Das ist notwendig, um stürmische Zeiten zu meistern und kreative Lösungen zu entwickeln.
  - Schreibe dazu das Thema, um das deine Gedanken hauptsächlich kreisen, auf einen Zettel. Das kann der alte Job sein, die verflossene Beziehung, der schöne Urlaub im vergangenen Sommer usw.
  - Schreibe dann einfach alles auf, was dir dazu in den Sinn kommt, ohne groß darüber nachzudenken.
  - Wenn du das Gefühl hast, du hast dir alles von der Seele geschrieben, dann verbrenne den Zettel in einem kleinen Ritual, zum Beispiel in der Flamme einer Kerze, in einem Lagerfeuer oder im Ofen (Brandgefahr beachten!).
  - Stelle dir dabei vor, dass du jetzt deine Vergangenheit loslässt und die Fesseln der Vergangenheit abstreifst, um ganz in diesem Moment im Hier und Jetzt anzukommen.

Wenn sich deine Gedanken um negative Ereignisse aus der Vergangenheit drehen, gilt das gleich Prinzip. Hier kannst du zur Unterstützung genauso vorgehen, um das Vergangene loszulassen und im Hier und Jetzt anzukommen.

Bei traumatischen Ereignissen bedarf es jedoch weitergehender Schritte und therapeutischer oder schamanischer Unterstützung.

38

Der Heilige Raum – alles ist möglich im Raum der Unendlichkeit in dir

**Jenseits der Zeit, jenseits des Raumes
existiert der raum- und zeitlose Ort,
der dich mit der Ewigkeit verbindet:
der Heilige Raum, der dir Zugang zur
Schöpferkraft des Universums gewährt.**

Alles ist mit allem verbunden. Das Jetzt verbindet die Zeit – das, was war, was ist und was sein wird. Dieser eine kleine Moment »Jetzt« verbindet alle Möglichkeiten, führt alle Wege zusammen, wirkt wie ein Brennglas, bündelt und zentriert alles. Von hier aus entscheidet sich, welchen Weg der unendlichen Möglichkeiten du gehst, ob du deinem Seelenruf und dem Licht deines Herzensfeuers folgst, lichtvolle Zeiten erschaffst oder den Weg in die Dunkelheit gehst.

Das ganze Geheimnis der Schöpferkraft finden wir im Heiligen Raum. Er ist kein Raum im normalen Sinn, sondern raum- und zeitlos mit der Unendlichkeit verbunden – jenseits von Raum und Zeit. Dort existiert nichts aus der materiellen Welt, aber alle Möglichkeiten sind vorhanden. Diese können wir mit unserem Bewusstsein gezielt in die materielle Welt bringen, ganz so, wie es uns und unserer Seelenabsicht entspricht. Natürlich gibt es ein paar Dinge zu beachten, aber vereinfacht ausgedrückt kann man sagen: Wenn du dort eine Torte bestellst, bekommst du auch eine Torte. Das erfordert, dass du den Weg kennst und dein System und dein Bewusstsein so ausrichten kannst, dass nichts in dir die Materialisation der Torte boykottiert. Zudem ist es wichtig, dass du völlig klar und fokussiert bist und weißt, wie du dich in die Materialisationsenergie einklinken kannst.

Gerade in stürmischen Zeiten ist es wichtig, das Geheimnis des Heiligen Raumes zu kennen und zu wissen, wie du ihn betreten kannst. Denn wenn du es nicht gezielt tust, dann ist es sehr schwierig, die beste Möglichkeit zu erkennen und sie dann zentriert und konsequent in der sichtbaren Welt zu manifestieren, um den Sturm hinter dir zu lassen. Wenn du dich nicht selbst dafür entscheidest, welchen Weg aus den unendlichen Möglichkeiten du gehen willst, dann entscheidet das Leben für dich. Die Frage ist also, ob du auch in herausfordernden Zeiten die Möglichkeiten des Jetzt nutzen kannst und damit aktiv bleibst, oder ob du passiv und ohnmächtig zuschaust, wie das Leben über dich hinwegfegt.

Den Heiligen Raum in uns betreten wir, wenn wir uns mit allen unterstützenden Kräften um uns und mit den unterstützenden Elementekräften in uns verbinden, uns damit zu 100 Prozent zentrieren und dadurch den Mittelpunkt in unserem Herzen finden. Dort öffnet sich der Heilige Raum für uns. Jede Richtung, jedes Element hat eine bestimmte Bedeutung und verbindet uns mit der darin enthaltenen unterstützenden Weisheit. Die Bedeutung der vier Elemente haben wir bereits besprochen (Seite 135 ff.), die Richtungen werden folgendermaßen zugeordnet: Die Erde unter uns verbindet uns mit der urweiblichen Weisheit, die Sonne über uns mit der urmännlichen

Weisheit, im Süden finden wir die Weisheitskräfte der Vergangenheit, im Westen die der Zukunft, der Norden verbindet uns mit der Weisheit unserer Ahnen, und der Osten mit der Weisheit der Vision und Lebensaufgabe.

Die Geschichte von der Weisheit, die es der Seelenweisheit ermöglichte, sich zu entfalten

Die Weisheit überlegte, wie sie der individuellen Seelenweisheit am besten helfen könnte, ihre vollständige Kraft und Weisheit zu entfalten, um ganz im Hier und Jetzt zu handeln. Also schuf sie Verbindungen, über die die Seelenweisheit immer mit allen unterstützenden Weisheitskräften im Außen und im Innen verbunden war. Wenn nun ein Mensch diese Verbindungen bewusst aktivierte, konnte er sich über diese zentrieren, sodass er automatisch im Jetzt, im Heiligen Raum, im Raum der unbegrenzten Möglichkeiten landete, um von dort aus die Weisheit wirken zu lassen. So richtete die Weisheit es ein.

Damit schuf die Weisheit energetische Verbindungen, die die Aura des Menschen mit den Weisheiten und unterstützenden spirituellen Kräften von Mutter Erde, Vater Sonne und den vier Himmelsrichtungen verband. Im Inneren der Menschen schuf die Weisheit Verbindungen zu den Weisheitskräften der vier Elemente, und ordnete diese so an, dass die Menschen über diese Verbindungen genau in der Mitte ihrer Herzen landeten. Dort öffnete sich ihr Heiliger Raum, dort waren sie verbunden mit der Urweisheit und der bedingungslosen Liebe des Universums und dort konnten sie auf alle Möglichkeiten zurückgreifen und diese in die Welt bringen. So waren die Menschen optimal gerüstet, um ihre eigene innere Weisheit mit allen unterstützenden Weisheitskräften zu verbinden und ihre Seelenabsicht zum Wohle aller Wesen in der Welt zu manifestieren und zu verwirklichen.

ERKENNTNISSE AUS DER GESCHICHTE

- Wir sind immer mit allen unterstützenden Weisheitskräften um uns und in uns verbunden, auch wenn wir diese Verbindungen vielleicht nicht spüren.
- Wir können den Heiligen Raum in uns jederzeit und ganz einfach betreten. Dazu ist es nur notwendig, sich in einem Ritual mit allen unterstützenden Weisheitskräften um uns und in uns zu verbinden.
- Dadurch richtet sich unser gesamtes Energiefeld gleichmäßig aus, was verhindert, dass wir durch unsere Probleme, unser Ego, den Lebenssturm, unsere Ängste oder was auch immer aus unserer Mitte herausgezogen werden und nicht im Heiligen Raum verweilen können.

 ## SCHAMANISCHE EMPFEHLUNGEN

Was du tun kannst, um in stürmischen Zeiten den Heiligen Raum zu betreten:

- Es gibt ein einfaches Ritual, das dich zentriert und so direkt in den Heiligen Raum bringt. Wenn du es ausprobieren möchtest, ist es sinnvoll, dir dazu einen rituellen Rahmen zu schaffen. Zünde zum Beispiel eine Kerze an, räuchere mit einem guten Räucherstoff, lasse schamanische Trommel- oder Meditationsmusik im Hintergrund laufen. Du kannst das Ritual im Stehen oder Liegen machen. Wenn du etwas Übung hast, dauert das Ritual nur wenige Minuten.
- Hier folgt eine Kurzfassung, ausführliche Anleitungen findest du in meinen Büchern (Seite 190).
  - Um dich zu verbinden, sprichst du den folgenden Text. Es ist nur ein Vorschlag, du kannst auch deine eigenen Worte dafür verwenden.

- »Ich verbinde mich mit allen unterstützenden, schützenden und heilenden Weisheitskräften von Mutter Erde und Vater Sonne und von den vier Himmelsrichtungen Süden, Westen, Norden und Osten. Ich verbinde mich mit den unterstützenden Kräften der vier Elemente Feuer, Erde, Wasser und Luft.«
- Dann gehe mit deiner Atmung und deiner Aufmerksamkeit zu deinem Herzen und stelle dir vor, dass sich dort genau in der Mitte deines Herzens dein Heiliger Raum für dich öffnet, in dem du jenseits unseres normalen Raum-Zeit-Gefüges – unterstützt mit den eben angerufenen Kräften – mit der Weisheit, Liebe, Heilkraft und Schöpferkraft des Universums verbunden bist.

39

Jenseits der Zeit liegt der Schlüssel zur Glückseligkeit

Zeit ist eine Illusion, existiert in unserem Geist.
Vergangenheit, die gibt es nur in deiner Erinnerung.
Zukunft findet noch nicht statt.
Was ist die Zeit?
Das Jetzt und wieder Jetzt und immer wieder Jetzt.
Finde den Moment, das Hier und Jetzt,
und du bist frei.

Wie wir schon besprochen haben, existiert in uns der Heilige Raum, der uns mit der Unendlichkeit und dem Raum der unbegrenzten Möglichkeiten verbindet.

- Was wäre aber, wenn die lineare Zeit aus Vergangenheit, Jetzt und der Zukunft grundsätzlich gar nicht existierte?
- Was wäre, wenn wir völlig frei in der Zeit sowohl zurück als auch in die Zukunft reisen könnten?
- Ist dir bewusst, dass gerade die Vorstellung der Zeit und unsere Identifikation damit uns daran hindert, im Hier und Jetzt zu sein und jetzt in diesem Moment glücklich zu sein?

Tatsächlich ist es so, dass wir immer dann im Jetzt ankommen, wenn wir uns unvermittelt in einer lebensbedrohlichen Situation befinden und unser Überlebensmechanismus anspringt, der weder Vergangenheit noch Zukunft kennt. Oder auch, wenn wir bewusst den Heiligen Raum öffnen und uns damit an den Ort in uns begeben, der keine Zeit kennt.

Wenn wir gerade im Sturm des Lebens stehen und keine Lösung für unsere Probleme finden, dann können wir das Wissen um die Relativität der Zeit noch ganz anders nutzen. Wir können uns mit dem möglichen zukünftigen Ich von uns im Jetzt treffen, das unsere Probleme schon optimal gemeistert hat und deshalb weiß, was momentan zu tun ist, um eine optimale Lösung herbeizuführen.

 ### Die Geschichte von dem Menschen, der durch die Zeit reiste, um sein Ego zu befriedigen

Einst gab es ein Volk, das sich selbst als Hüter der Zeit bezeichnete. Die weisen Männer und Frauen dieses Volkes hatten die Geheimnisse der Zeit bis ins letzte Detail erforscht. Sie waren den Zeitlinien in die Vergangenheit gefolgt und hatten die Linien der Zukunft bereist. Sie kannten die Macht des gegenwärtigen Augenblicks und alle Geheimnisse, die die Zeit jemals erschaffen hatte. Durch ihr Wissen erlangten sie Glückseligkeit, waren zufrieden und ausgeglichen und wussten immer, was sie als Nächstes tun mussten, um weiterhin glücklich und zufrieden aus tiefster Liebe ihr Leben zum Wohle aller Wesen zu gestalten. Sie kannten auch das Geheimnis des optimalen zukünftigen Ichs, das sie immer um Rat fragen konnten. Mit ihrem Wissen hatten sie ihr Ego überwunden und waren eins geworden mit der Schöpfung.

Ihr Wissen war mächtig und weckte Begehrlichkeiten bei Menschen, die stark im Ego gefangen waren. Diese dachten, wenn sie das Wissen über die Zeit stehlen könnten, würden sie dies für ihre egoistischen Interessen benutzen können, um die mächtigsten Menschen der Welt zu werden. So geschah es, dass sich einer dieser selbstsüchtigen Menschen in den Tempel schlich und dort das Wissen ausspionierte. Er erfuhr, wie es gelang, die Zeitlinien in die Vergangenheit und in die Zukunft zu bereisen.

Der Mensch glaubte, nun das Geheimnis der Macht über die Zeit in Händen zu halten. Er ging nach Hause und begann die Zeit zu bereisen, mit der Absicht, die größtmögliche Macht zu finden, um die Welt zu beherrschen. Seine erste Reise führte ihn auf der Zeitachse zurück in die Vergangenheit, aber dort begegnete er nur sich selbst. Er hatte Mühe, wieder zurückzukehren, da er von der Vergangenheit festgehalten wurde und diese ihn immer wieder zurückzog, wenn er in das Jetzt reisen wollte. Völlig entkräftet kam er schließlich zurück. Nachdem er sich erholt hatte, glaubte er seinen Fehler erkannt zu haben. Die Macht war wahrscheinlich nicht in der Vergangenheit zu finden, sondern in der Zukunft. Also machte er sich auf zu einer neuen Reise, diesmal in der Zeit nach vorn, um dort die Macht zu finden. Aber je weiter er in die Zukunft reiste, desto beschwerlicher wurde es für ihn. Anstatt die Macht zu finden, tauchten Dämonen auf, die ihn schaudern ließen. Und mit jedem weiteren Schritt wuchs seine Angst und steigerte sich zur Panik. Kopflos lief er davon, verirrte sich im Labyrinth der Zeit und fand den Weg nicht mehr zurück. Er begegnete all seinen Dämonen, seinem Größenwahn und seinen Ängsten, die ihn gefangen nahmen und verschluckten.

 ## ERKENNTNISSE AUS DER GESCHICHTE

- ◆ Das Jetzt ist alles, was wir haben.
- ◆ Solange unser Geist in den Fesseln der Vergangenheit festhängt, sind wir nicht im Jetzt und nicht in unserer Schöpferkraft.

- Wenn wir Angst vor der Zukunft haben oder uns immer nur Sorgen machen vor dem, was kommen könnte, sind wir auch nicht im Jetzt.
- Nur im Jetzt gestalten wir das Leben.
- Zeit ist eine Illusion – ohne diese Illusion bist du wirklich frei.
- Mit dem Wissen um die Illusion der Zeit können wir im Jetzt unser optimales zukünftiges Ich treffen, das unsere Probleme schon gemeistert hat. Dieses Ich können wir um Rat fragen, was jetzt zu tun ist.
- Nicht wir schreiten in der Zeit voran, die Zeit durchdringt uns. So ist alles – die Vergangenheit, das Jetzt und alle möglichen Zukunftsszenarien – in uns enthalten.
- Wenn wir im Ego gefangen sind, verirren wir uns in der Zeit und werden zu Sklaven unserer eigenen Begierden.

 ## SCHAMANISCHE EMPFEHLUNGEN

Wie du dein zukünftiges Ich sicher treffen kannst, um es um Rat zu fragen:

- Willst du dein zukünftiges Ich um Rat zur Lösung deiner gegenwärtigen Probleme fragen, um deinen Lebenssturm zu überwinden, brauchst du den Heiligen Raum.
- Im Heiligen Raum fließt die Zeit durch dich und dort ist die Zukunft bereits im Jetzt vorhanden.
- Dort kannst du dein zukünftiges Ich, das dein Problem bereits gemeistert hat, um sein Erscheinen bitten.
- Bitte es, dir zu erzählen, was du tun musst, um deine Situation optimal zu meistern.
- Natürlich ist es wichtig, dann auch zu handeln und den Weg, den dein zukünftiges Ich bereits gegangen ist, auch konsequent zu beschreiten. Ansonsten kommst du nicht zu deinem Ziel, zu deiner optimalen Lösung.

40

Am Ende deiner Reise geht es nur darum, ob du den Weg der Liebe und des Glücks gegangen bist

Am Ende deiner Reise wirst du nur gefragt, ob du dich selbst gefunden und aus tiefstem Herzen geliebt hast, ob du deine Träume verwirklicht hast und ob du deine Seelenabsicht in die Welt gebracht hast – ob du wirklich glücklich warst.

Egal, wo du gerade im Leben stehst und wie heftig der Lebenssturm gerade über dich hinwegfegt – mache dir immer wieder bewusst, worum es in deinem Leben wirklich geht. Der Sinn des Lebens besteht nicht darin, Reichtümer im Außen anzuhäufen, egoistisch und rücksichtslos durch das Leben zu schreiten oder die Natur zu zerstören. Es zählt nicht, wie viele Flugreisen du gemacht hast, wie groß deine Autos sind oder wie viele Häuser du besitzt. All das mag angenehm sein, unser Ego befriedigen und uns dabei unterstützen, ein schönes, ereignisreiches Leben zu führen. Aber die einzige Frage, die dir der Tod stellen wird, ist die, ob du zu dir selbst gefunden hast. Aus der Sicht unserer Seele ist dabei der wichtigste Aspekt, dass du die Liebe gefunden hast, die Liebe zu dir selbst, die Liebe zu anderen Menschen und Mitgeschöpfen, die Liebe zum Leben und die universelle, bedingungslose Liebe, die grundlos liebt, ohne Bedingungen zu stellen, ohne etwas zu fordern.

Wenn du nicht deiner Seelenabsicht gefolgt bist, dein Herz verschlossen hast, der wahren Liebe keinen Raum gegeben hast, dir selbst nicht der beste, treue Gefährte gewesen bist und deine Lebensaufgabe nicht gelebt hast, dann hast du dich selbst sicherlich nicht oder nur in Teilen gefunden. Im Tod erkennen wir, wer wir waren, wie wir gelebt haben und ob wir bedingungslos geliebt haben. Wir erkennen, ob unser Leben von Sinn erfüllt war.

Die Geschichte von dem reichen Mann, der erkannte, welche Sehnsucht er in sich trug

Einst wanderte ein reicher Mann durch die Berge, um einen alten, weisen Mann zu treffen, der dort in einer Höhle lebte. Er hatte gehört, dass dieser das Geheimnis des Lebens entschlüsselt hatte. Der reiche Mann hatte alles an materiellem Besitz, was man sich vorstellen konnte: mehrere Häuser und Villen, Autos, eine große Yacht, Geld, Einfluss usw. Er war verheiratet, aber die Ehe war aus geschäftlichen Gründen geschlossen worden und nicht aus Liebe. Er fühlte sich schon lange innerlich zerrissen, einsam und unzufrieden, und um die innere Leere nicht zu spüren, ging er rücksichtslos durchs Leben und häufte immer mehr Besitz an, was aber nach einem kurzen Erfolgsgefühl immer nur eine noch größere Leere hinterließ.

Als er die Höhle endlich gefunden hatte, stürmte er sofort auf den alten, weisen Mann zu und drängte ihn dazu, ihm sein Geheimnis zu verraten. Der Alte sah ihn aus tiefgründigen Augen an, sprach kein Wort und bedeutete ihm, er möge an seinem Feuer Platz nehmen. Widerwillig setzte sich der reiche Mann auf den Boden und dachte insgeheim, dass der Alte wohl eher verrückt sei und er hier sicherlich nicht das Geheimnis des Lebens und des Glücks finden würde. Der Alte aber fachte das Feuer weiter an, setzte sich ihm gegenüber auf die andere Seite des Feuers, warf verschiedene Kräuter in die Flammen und sah ihm nun durch die Flammen direkt und ohne zu blinzeln in die Augen.

Diesem Blick konnte sich der reiche Mann aus ihm unerfindlichen Gründen nicht entziehen und plötzlich veränderte sich das Gesicht des Alten. Er sah in ihm sich selbst als Kind, als Jugendlicher und als Erwachsener. Er sah sich selbst aber auch in verschiedensten Tierkörpern, als uralter Mann, dann plötzlich als Frau, dann wieder als einen Menschen aus längst vergangenen Zeiten. Tränen liefen über sein Gesicht und etwas in ihm regte sich, etwas in seinem Herzen brannte immer stärker wie eine große, offene Wunde. Der Mann wollte aufstehen, sich entziehen, aber etwas hielt ihn eisern fest.

Irgendwann öffnete sich sein Herz und er spürte etwas, das er schon längst vergessen hatte. Er fühlte zuerst ganz zart, dann immer stärker Liebe in sich. Liebe zu sich, Liebe zu dem Alten, Liebe zu allen Bildern, die er sah, Liebe zum Leben und zur ganzen Schöpfung. Gleichzeitig erkannte er, dass ihn sein bisheriger Weg nur von sich selbst weggeführt hatte und er eine tiefe Sehnsucht nach Liebe und Glück in sich trug. In diesem Moment fasste er den Entschluss, sich von einem Großteil seiner Besitztümer zu trennen, sein Leben neu auszurichten und ab jetzt nur noch dem Weg der Liebe zu folgen.

Das Feuer war längst niedergebrannt und der Alte verschwunden, als sich der reiche Mann auf den Rückweg machte, um sein altes Leben zu beenden und der Stimme der Liebe zu folgen. Denn jetzt wusste er, worum es im Leben wirklich ging. Dort oben in den Bergen bei dem Alten hatte er erfahren, welche Sehnsucht er in Wahrheit in sich trug und was wirklich wichtig war im Leben.

ERKENNTNISSE AUS DER GESCHICHTE

- Besitz mag angenehm sein und das Leben erleichtern, macht aber aus der Sicht der Seelenabsicht nicht glücklich.
- Den wirklichen Sinn unseres Lebens finden wir in der Natur und in der Liebe.
- Wir sind hierhergekommen, um den Pfad der Liebe wieder-zufinden und ihm zu folgen.
- Je eher wir den tieferen Sinn erkennen und dem Pfad der Liebe folgen, desto mehr kommen wir bei uns selbst an.
- Die Weisheit des Lebens zeigt uns als Spiegel, wo wir wirklich stehen.
- Wenn wir bereit dazu sind, erkennen wir uns im Spiegel des Lebens selbst.
- Wenn die Zeit reif ist und wir uns dem Leben öffnen, kann sich das Geheimnis eines guten Lebens offenbaren.

 ## SCHAMANISCHE EMPFEHLUNGEN

Was du tun kannst, um dich selbst, die Liebe und das Glück zu finden:

- Hinterfrage genau, was dich wirklich glücklich macht, was dein Herz wirklich will und was deine Seele strahlen lässt.
- Wenn du dich schwertust mit der bedingungslosen Liebe, dann überprüfe, wovor du Angst hast, was dich daran hindert, dich ganz zu öffnen, und was du brauchst, um dich ganz dem Leben hinzugeben.
- Mache eine Bestandsaufnahme: Was von dem, das du jetzt besitzt, brauchst du wirklich, um ein glückliches Leben zu führen? Was behindert und belastet dich eher?
- Schaffe Platz und Raum für die wirklich wichtigen, beglückenden Momente in deinem Leben.

Nachwort

Nun sind wir am Ende dieser Reise durch vierzig schamanische Weisheiten angelangt. Ich hoffe, du konntest Anregungen und Hilfestellungen für dich und für dein Leben gerade auch in stürmischen Zeiten finden. Schon ein Impuls, ein neuer Gedanke oder eine Veränderung der Sichtweise kann den entscheidenden Anstoß zur Veränderung liefern.

Ich möchte dich aber auch einladen, über das Lesen hinauszugehen. Die besten Tipps, Ratschläge und Weisheiten helfen uns nicht wirklich weiter, wenn wir nicht handeln und nichts verändern. Denn darum geht es im Leben hier auf der Erde in einer materiellen Welt mit einem materiellen, lebendigen Körper: unsere Erkenntnisse umzusetzen und zu handeln, die Welt und uns selbst über das Tun zu begreifen.

Falls du dir dazu weitere Unterstützung wünschst, lade ich dich ein, auf meiner Homepage www.schamanenpfad.de vorbeizuschauen. Dort findest du eine Reihe von Kursen und die Links zu meinen Büchern, die dich ganz gezielt zu unterschiedlichen Themen begleiten und dir praxisnah Hilfestellungen bieten.

Ich wünsche dir alles Gute für deinen weiteren Weg und hoffe, dass du alle Stürme und stürmischen Zeiten in deinem Leben gut meisterst, daran wächst und deinen tieferen Sinn findest und lebst.

Alles Liebe
Stefan Limmer

Über den Autor

Stefan Limmer ist Heilpraktiker, schamanischer Heiler und Coach. Seit über 20 Jahren beschäftigt er sich mit schamanischen Heilmethoden, die er an die Erfordernisse unserer westlichen Lebensweise anpasst und in seiner Praxis anwendet. Er bildet in schamanischen Heilmethoden aus, leitet Seminare und ist Verfasser einer Vielzahl von Sachbüchern.

Links und Bücher

Infos zur Seminar- und Praxistätigkeit des Autors

Du wünschst dir Unterstützung auf deinem Weg, dich mit deiner Seele und deiner Seelenabsicht und deiner inneren Weisheit zu verbinden? Oder du möchtest manche Weisheiten aus diesem Buch vertiefen, um sie in dein Leben zu integrieren? Dann kann an der einen oder anderen Stelle ein Einzelcoaching hilfreich sein oder auch ein begleitender Online-Kurs oder Wochenendkurs. Infos zu meinen Seminaren und Ausbildungen findest du hier:
www.schamanenpfad.de

Die folgenden Online-Kurse haben einen Bezug zu den Themen, die im Buch behandelt wurden, und können dich in stürmischen Zeiten unterstützen und dir weiterhelfen. Infos zu den Kursen findest du auf meiner Homepage www.schamanenpfad.de unter der Rubrik »Online-Kurse«.
- Deine Heldenreise – Der Selbstcoaching-Online-Kurs
- Versöhnung mit den Ahnen
- Schamanische Seelenreisen
- Online-Ausbildung »Integrativ-schamanische Transformationstherapie«
- Power-Balance für deine Energiezentren
- Lebenslust statt Midlife-Frust

Bücher von Stefan Limmer
- Die Macht der zwei Seelen in dir, Goldmann
- Reinigung von Angst und Schuld, Arkana
- Rituale zum Loslassen, Gräfe und Unzer
- Versöhnung mit den Ahnen, Arkana
- Toxische Beziehungen schamanisch heilen, Unum
- Schamanische Seelenreisen, Gräfe und Unzer

Weitere empfehlenswerte Bücher
- Fromm, Erich: Die Kunst des Liebens, dtv
- Villoldo, Alberto: Das geheime Wissen der Schamanen, Goldmann
- Ingerman, Sandra: Auf der Suche nach der verlorenen Seele, Heyne

NEUE WELTEN ENTDECKEN

LIEBE LESERINNEN UND LESER,

wir wollen Ihnen mit diesem Buch Informationen und Anregungen geben, um Ihnen das Leben zu erleichtern oder Sie zu inspirieren, Neues auszuprobieren. Wir achten bei der Erstellung unserer Bücher auf Aktualität und stellen höchste Ansprüche an Inhalt und Gestaltung. Alle Anleitungen, Übungen oder Rezepte werden von unseren Autoren, jeweils Experten auf ihren Gebieten, gewissenhaft erstellt und von unseren Redakteur*innen mit größter Sorgfalt ausgewählt und geprüft.

Haben wir Ihre Erwartungen erfüllt? Sind Sie mit diesem Buch und seinen Inhalten zufrieden? Wir freuen uns auf Ihre Rückmeldung. Und wir freuen uns, wenn Sie diesen Titel weiterempfehlen, in Ihrem Freundeskreis oder bei Ihrem Online-Kauf.

Sollten wir Ihre Erwartungen so gar nicht erfüllt haben, tauschen wir Ihnen Ihr Buch jederzeit gegen ein gleichwertiges zum gleichen oder ähnlichen Thema um.

KONTAKT ZUM LESERSERVICE

GRÄFE UND UNZER VERLAG
Grillparzerstraße 12
81675 München
www.gu.de

Impressum

© 2023 GRÄFE UND UNZER VERLAG GmbH, Postfach 860366, 81630 München

unum

unum ist eine eingetragene Marke der GRÄFE UND UNZER VERLAG GmbH, www.gu.de

ISBN 978-3-8338-9016-1
1. Auflage 2023

Projektleitung: Anja Schmidt, Franziska Daub
Lektorat: Annette Gillich-Beltz
Bildredaktion: Nafsika Mylona
Umschlaggestaltung: ki36 Editorial Design, München, Daniela Hofner
Layout: ki36 Editorial Design, München, Katja Wohnrath; Modifizierung des Layouts durch Alexander Gröber
Herstellung: Susanne Fuhrmann
Satz: Uhl + Massopust, Aalen
Reproduktion: Longo AG, Bozen
Druck und Bindung: DZS Grafik, Slowenien

Umwelthinweis

Nachhaltigkeit ist uns sehr wichtig. Der Rohstoff Papier ist in der Buchproduktion hierfür von entscheidender Bedeutung. Daher ist dieses Buch auf PEFC-zertifiziertem Papier gedruckt. PEFC garantiert, dass ökologische, soziale und ökonomische Aspekte in der Verarbeitungskette unabhängig überwacht werden und lückenlos nachvollziehbar sind.

Bildnachweis

Cover: Stocksy; Agata Create/ Unsplash: 168; Getty Images: 29, 52, 75, 98, 121, 145; Shutterstock: 8; Icons von Shutterstock

Syndication: www.seasons.agency

Wichtiger Hinweis

Alle Empfehlungen und Vorschläge in diesem Buch sind vom Verlag und vom Autor sorgfältig erwogen und geprüft. Die Anwendung erfolgt jedoch in eigener Verantwortung der Leser. Wir übernehmen keine Haftung für etwaige Schäden jeglicher Art, die durch die Anwendung entstehen. Die hier vorgestellten Methoden ersetzen nicht den Besuch eines Arztes, Psychologen oder Heilpraktikers und sind kein Ersatz für eine notwendige Therapie.

Die unum-Homepage finden Sie unter: www.unum-verlag.de

GRÄFE UND UNZER

Ein Unternehmen der
GANSKE VERLAGSGRUPPE